즐겨찾기
빨리찾기

▷ **022** 공항에서 출국 — **a** — airport departure — **d**

▷ **058** 공항에서 입국/귀국 — **a** — airport arrival — **a**

▷ **084** 교통편으로 이동 — **t** — transportation

▷ **124** 편안한 잠자리 — **h** — hotel

▷ **154** 맛있는 식사 — **r** — restaurant

▷ **182** 구경 다니기 — **s** — sightseeing

▷ **208** 좋은 물건 사기 — **s** — shopping

▷ **230** 재미있게 놀기 — **f** — fun & leisure

▷ **248** 소식 전하기 — **t** — telephone

▷ **266** 긴급! 구조요청 — **e** — emergency

Have an exciting time on your trip!

JN344697

위풍당당 배짱있게 떠나자!
여행 영어

Have an exciting time on your trip!

이 책의 **100%** 활용법 008

Read Me First!

일단 먼저 준비해야 할 것들
여권과 비자 010
각종 증명서 012
여행보험, 항공권 014
가방 싸기 016

airport
departure

베스트 관광정보! 뉴욕 018

제①장!
공항에서 출국! 022
깔끔한 출국을 위한
출국수속 시뮬레이션! 025
공항에서 꼭 쓰는
중요표현 3종 세트! 026

01. 출국할 때! 공항에 도착하면요 028
02. 먼저! '보딩패스'를 하세요! 030
03. 카운터에서 짐을 부치세요! 032
04. 항공기 탑승시작! 기내로! 034
05. 기내좌석에 앉습니다. 036
06. 기내식을 드세요! 038
07. 기내쇼핑이 시작됩니다. 040
08. 기내에서의 문제 상황! 042
09. 선박을 이용해서 해외로! 044
10. 귀국할 때, 항공편의 예약 046
11. 항공편의 예약 재확인! 048
12. 공항에서 받을 수
    있는 질문들! 050

이런 단어면 상황 끝이야! 052

New York

베스트 관광정보! **워싱턴 057**

제❷장!
공항에서 입국/귀국! **058**
공항에서 입국수속 쉽게
끝내는 시뮬레이션! **060**
귀국준비는
이렇게 하면 된다! **061**
입국심사용
중요표현 3종 세트! **062**

01. 드디어 목적지 도착 064
02. 입국심사대로 이동하세요! 066
03. 입국심사의 시작! 068
04. 입국심사 추가 질문! 070
05. 수하물을 찾으십시오! 072
06. 세관검사대로 갑니다! 074
07. 세관에서 문제가 생겼을 때! 076
08. 혹시 환승을 하시나요? 078
09. 현지 공항의 여행안내소 080

이런 단어면 상황 끝이야! **082**

 transportation

제❸장!
교통편으로 이동! **084**
교통 관련
중요표현 3종 세트! **088**

01. 공항에서 시내로! 090
02. 기차는 빠릅니다! 092
03. 어떤 기차를 탑니까? 094
04. 런던행 플랫폼은 어딘가요? 096
05. 이 열차에 식당차가 있나요? 098
06. 야간열차는 아늑해! 100
07. 지하철은 편리합니다! 102
08. 장거리 버스여행의 낭만 104
09. 즐거운 시내 관광 버스! 106
10. 택시는 편합니다! 108
11. 렌터카는 어떠세요? 110
12. 자동차 관련 문제 상황! 112
13. 선박여행, 우아해요! 114

이런 단어면 상황 끝이야! **116**

Los Angeles

hotel

restaurant

베스트 관광정보! 로스앤젤레스 **120**
제**4**장!
편안한 잠자리! **124**
호텔에서 꼭 쓰는
중요표현 3종 세트! **128**

01. 숙소를 찾아서! 130
02. 호텔의 예약과 체크인! 132
03. 어떤 객실을 원하세요? 134
04. 숙박부를 써주세요! 136
05. 객실을 둘러보세요! 138
06. 룸서비스를 부르세요! 140
07. 호텔시설을 이용하세요! 142
08. 호텔에서의 아침식사 144
09. 체크아웃 하겠습니다. 146
10. 호텔에서의 여행안내 148

이런 단어면 상황 끝이야! **150**

제**5**장!
맛있는 식사! **154**
식당, 식사 관련
중요표현 3종 세트! **158**

01. 식사 어디서 할까요? 160
02. 식당을 예약하세요! 162
03. 메뉴를 보여주세요. 164
04. 뭘 먹지? 주문할게요! 166
05. 내 입맛에 맞게 먹기! 168
06. 식당에서의 돌발 상황! 170
07. 식사 잘 하셨나요? 172
08. 간단하게 한 끼 때우기! 174
09. 셀프서비스입니까? 176

이런 단어면 상황 끝이야! **178**

Have an exciting time on your trip!

London

shopping

베스트 관광정보! 런던 **204**

제**7**장!
좋은 물건사기! **208**
쇼핑할 때 꼭 쓰는
중요표현 3종 세트! **212**

01. 쇼핑을 시작할까요? 214
02. 이것이 쇼핑매너! 216
03. 면세점, 백화점 쇼핑! 218
04. 슈퍼마켓, 시장 쇼핑! 220
05. 기념품점에서 선물쇼핑! 222
06. 쇼핑 트러블 224
07. 계산과 은행과 환전 226

이런 단어면 상황 끝이야! **228**

sight
seeing

제**6**장!
구경다니기! **182**
관광할 때 꼭 쓰는
중요표현 3종 세트! **186**

01. 관광을 시작할까요? 188
02. 길을 물어서 찾아가기! 190
03. 길 안내 알아듣기! 192
04. 미술관, 박물관 구경하기! 194
05. 이것이 관광 포인트! 196
06. 시내관광 버스 투어! 198

이런 단어면 상황 끝이야! **200**

Have an exciting time on your trip!

fun & leisure

제**8**장!
재미있게 놀기! **230**
여가를 즐겨라!
중요표현 3종 세트! **234**

01. 공연의 관람! 236
02. 공연장으로 가요! 238
03. 스포츠 경기를 관람해요! 240
04. 나이트클럽은 어때요? 242
05. 사우나를 즐겨요! 244

이런 단어면 상황 끝이야! **246**

telephone

제**9**장!
소식 전하기! **248**
전화 걸 때 꼭 쓰는
표현 3종 세트! **252**

01. 전화를 겁니다. 254
02. 전화를 받습니다. 256
03. 한국으로 전화합니다. 258
04. 그림엽서를 보냅니다! 260
05. 소포를 한국으로 보냅니다. 262

이런 단어면 상황 끝이야! **264**

Have an exciting time on your trip!

emergency

제**10**장!
긴급! 구조요청!
안전을 위한 노하우! **266**
문제 상황용
중요표현 3종 세트! **270**

01. 문제 상황을 해결합니다! 272
02. 위급합니다! (병원) 274
03. 아픕니다! (약국) 276
04. 잃어버렸습니다! (경찰서) 278
05. 재발급 해주세요! 280
06. 도와주세요! 282

이런 단어면 상황 끝이야! **284**

베스트 관광정보!
오스트레일리아 **288**

특별부록!
테마별로 정리했다!
여행자를 위한
단어사전 **292**

기본표현의 제왕!
이 정도는
알아야 안되겠니? **299**

?!How to use?!
Let me know, please!

이 책의 100% 활용법

✈✈ 이 책의 내용 구성과 효과적인 사용법을 알려드립니다.

❶ City Best 관광 정보
해당 국가와 도시에 대한 관광정보를 베스트 스폿을 중심으로 정리했습니다. 화보와 함께 자세한 교통편이 제시됩니다.

❷ 해외여행 필수 정보
해외여행을 위한 필수정보를 10가지 테마별로 정리했습니다. 해외여행 행동요령에서 상식, 그리고 매너에 이르기까지 꼭 필요한 정보들을 모았습니다.

❸ 상황을 즐겨라! 중요표현 3종 세트!
여행 중에 반드시 만나는 상황, 이런 상황에 꼭 필요한 표현들을 딱 3종 세트로 엄선했습니다. 그야말로 상황종료를 위한 '중요표현 3종 Set' 입니다.

❹ 주제별 여행 회화 모음
꼭 필요한 회화표현을 주제별로 상황별로 정리했습니다. 현지인에게 회화 표현을 읽고 말하시거나, 책을 보여주시면 그걸로 O.K! 간단한 여행 상식도 함께 제공됩니다.

❺ 이런 단어면 상황 끝이야!
해당 주제와 관련된 모든 어휘를 정리했습니다. 사용 순서에 근거해서 테마별로 작은 사전 형태로 정리했습니다. 급할 땐 단어만 외치셔도 의사소통, 문제 없습니다.

❻ 부록부 단어사전
부록부에서는 테마별로 필수 어휘를 묶은 작은 사전이 준비되어 있습니다. (개인정보, 숫자, 직업, 반의어 등등)

❼ 기본표현의 제왕, Best 10
필수 핵심 기본표현 10가지를 준비했습니다. 기본 중의 기본, 반드시 아셔야 할 표현, 베스트를 뽑았습니다.

그리고 뒷표지 날개 부분에는 해당 언어의 알파벳(문자) 또는 간단한 발음법이 표시되어 있습니다. (영어 제외)

Read Me First!
Let me know, please!

일단 먼저 준비해야 할 것들!
여권과 비자

❶ 여권 Passport

여권은 해외에서 여행자의 국적과 신분을 증명해주는 증명서이다. 2005년 9월 30일부터 사진전사식 신 여권이 발급되고 있다. 사진전사식 신 여권은 신청인의 사진과 인적사항이 최첨단 장비로 여권에 전사되는 것으로서 품질과 보안성이 구 여권보다 향상되었다. 여권의 종류로는 **일반여권, 관용여권, 외교관여권**의 3가지가 있다. 그 중에서 일반여권은 복수여권과 단수여권의 두 종류가 있는데 **복수여권은 10년 간 출국 횟수에 관계없이 무제한으로 이용할 수 있는 여권**이고, **단수여권은 1년 안에 한 번만 이용**할 수 있는 여권이다.

보통 만 18세 이상 희망자에 대해 10년 유효의 여권이 발급되며, 만 8세 이상 18세 미만이거나 18세 이상 희망자에 한해 5년 유효의 여권이, 국외여행 허가 대상자에게는 5년 미만의 여권이 발급된다. 여권 신청 시에 필요한 서류로는 **여권용 사진 2매, 신분증, 여권발급 신청서**이다. **여권 발급에 필요한 경비**는 10년 유효 여권은 55,000원(여권발급수수료 40,000원 + 국제교류기여금 15,000원), 5년 유효 여권은 만 8세 이상은 47,000원(여권발급수수료 35,000원 + 국제교류기여금 12,000원), 만 8세 미만은 15,000원(여권발급수수료만 해당), 5년 미만 여권은 15,000원(여권발급수수료만 해당), 1년짜리 단수여권은 20,000원(여권발급수수료 15,000원 + 국제교류기여금 5,000원)이다. 또한 30세 이상의 남성 중, 병역미필자는 관할 지역 지방병무청 민원실에서 발급하는 국외여행허가서를 먼저 받은 후, 여권 신청 시에 제시하여야 한다. 여권의 발급은 **서울은 종로구청(02-731-0610~4)을 포함한 6개 구청 여권과, 지방은 광역시청, 도청의 여권과에서 담당**한다.

❷ 비자 Visa

미국에 입국하고자 할 때에는 입국목적에 해당하는 비자를 취득해야 하는데, 비자의 종류에 따라 구비 서류가 다르므로 미국 대사관에 직접 문의해 최신 정보를 참고한다. **(02-725-6843)**
영국의 경우 관광을 목적으로 하는 6개월 미만의 단기 체류의 경우에는 비자가 필요 없으며 그 외의 경우에는 영국 대사관 **(02-3210-5500)** 영사과에 문의하도록 한다.
호주는 관광 여행의 경우, 비자발급협약을 맺은 항공사를 통해 항공권 구입 시 호주 이민국과의 전산연결을 통해 바로 입국허가가 가능하게 되어 있다. 기타 목적의 비자 신청은 호주 대사관으로 문의하도록 한다. (**02-2003-0111**)

Read Me First!
Let me know, please!

일단 먼저 준비해야 할 것들!
각종 증명서

❶ 국제운전면허증

여행지에서 직접 운전을 하려면 출국 전에 **국제운전면허증**을 준비한다. 신청은 관할 운전면허시험장에서 하면 된다.

신청에 필요한 서류는 **여권과 여권용 사진 1매, 운전면허증, 주민등록증, 국제운전면허증 신청서(운전면허시험장 양식)**이다. 수수료는 5,000원이며, 대리 신청을 할 경우에는 대리인의 신분증과 사본을 첨부한다. **국제운전면허증의 유효기간은 발행일로부터 1년**이다.

❷ 유스호스텔증

유스호스텔 회원증을 소지하고 있으면 전 세계의 유스호스텔을 저렴한 가격으로 이용할 수 있다. 회원 가입은 누구나 할 수 있으며 **한국 유스호스텔 연맹(02-725-3031)에서 신청 즉시 발급**해준다.

❸ 국제학생증

국제학생증은 전 세계에서 통용되는 학생증으로서 만 12세 이상 초, 중, 고, 대학(원)등 정규학교에 재학 중인 학생이면 누구나 발급받을 수 있다. 국제학생증은 신분 증명서의 역할도 하며, 교통비나 입장료의 할인 등 여러 가지 혜택을 받을 수 있다. 국제학생증의 종류로는 **ISIC**와 **ISEC**의 두 종류가 있는데 ISIC가 좀 더 유용하게 쓰인다. 신청은 **한국학생여행사** (**www.isecard.co.kr/New/** (02)732-6646)나 배낭여행 취급 여행사에서 하며 신청 후 2일 후에 발급된다. 신청 시 필요한 서류로는 **학생증 사본, 반명함판 사진 2매, 신청서**이며 수수료는 11,000원이다. **국제학생증의 유효 기간은 발급일로부터 1년**이다.

Read Me First!
Let me know, please!

일단 먼저 준비해야 할 것들!
여행보험, 항공권

❶ 해외 여행자 보험

해외 여행자 보험이란 해외여행의 시작에서 귀국 때까지 일어날 수 있는 각종 사고, 질병, 휴대품 도난, 배상책임손해(교통사고), 비행기 납치, 선박의 조난 등의 상황에 대해 보상을 받을 수 있는 보험이다. 국내 각 손해보험 회사에서 취급하며 저렴한 보험료의 여러 가지 상품이 나와 있어서 요즘은 해외여행을 떠나기 전에 인터넷이나, 전화를 이용하여 가입하거나 출발 당일 공항에서 가입한다.

AIG 손해보험사를 예로 들자면 개인 해외 여행자 보험의

Read Me First

경우, 만 1세 이상 70세 미만의 2개월 이하의 단기 여행 시(2개월 이상은 **해외장기출장자보험** 가입, 70세 이상은 고령자해외여행보험 가입) 2일 기준 보험료 2,130원에 사망 3,000만원, 질병치료 500만원, 배상책임 1,000만원, 휴대품 분실 20만원의 보상을 받을 수 있다. 여행 중 병원 치료를 받았을 때에는 **진단서와 의료비 영수증을, 물건을 도난 당했을 경우에는 현지 경찰서에서 작성한 도난증명서를 여행 후 보험회사에 제출해야 보상**을 받을 수 있다

❷ 항공권

국제선 항공요금은 유효기간, 출발일, 여행기간, 여행조건 등에 따라 가격의 차이가 많이 난다. 항공요금은 일반요금(Normal Fare), 할인요금(discount Fare), 특별요금(Special Fare) 또는 판촉요금(Promotional Fare), 항공사에 따라 가족특별요금(Family Fare)으로 나뉜다. 일반요금의 경우는 가격이 비싼 편이지만, 티켓의 유효기간이 1년이고 특별한 제약사항이 많지 않으며, 출발일자 및 도착일자의 변경, 중간지점에서의 체류, 항공사 등의 변경을 자유롭게 할 수 있다. 이에 비해 **할인요금이나 특별요금, 판촉요금의 경우에는 출발일자 및 도착일자의 변경이 불가능하거나 변경 시에는 추가요금**을 내야하며, 유효기간이 15일, 30일, 90일, 180일 등으로 짧고, 중간지점에서의 체류나 환불이 되지 않는다. 따라서 **할인요금의 항공권을 구입할 때에는 여행 일정을 확실히 하고 위에 제시한 제약사항들을 잘 살펴봐야** 한다. 또한, 항공권을 발권 받을 때에는 이용 스케줄과 예약을 해준 사람의 이름이 적혀있는 **PNR**을 받아 놓아야 예약이 취소되거나 변경되었을 경우에 신속한 조치를 받을 수 있다.

Read Me First!
Let me know, please!

일단 먼저 준비해야 할 것들!
가방 싸기

여행가방 기가 막히게 싸는 방법!

큰 배낭과 작은 배낭 : 큰 배낭은 자신의 체격에 맞는 크기를 고르며 어깨 끈의 바느질이 튼튼하고 방수가 되는 것으로 준비한다. 또한, 간단한 소지품과 간식 등을 넣고 다닐 수 있는 작은 배낭이 있으면 시내 관광 시에 큰 배낭을 메고 다니지 않아도 되므로 편리하게 사용할 수 있다. 자물쇠를 준비하여 큰 배낭의 지퍼에 채워두면 관광을 할 때나 야간 열차 이용 시에 도난 사고를 방지할 수 있다.

여권(비자), 항공권, 각종 증명서 : 관련 서류 및 복사본과 여권용 사진(여권 분실 시 사용) 등을 소형 가방이나 복대 등에 따로 보관한다. 병역 대상자는 해외여행 허가서도 준비한다.

Read Me First

현금, 여행자수표, 신용카드 : 도난이나 분실 등의 상황을 고려해서 현금과 여행자수표는 3:7의 비율로 준비하고, Visa Card, Master Card 등 해외에서 이용 가능한 카드를 발급받는다.

의류 : 여행지의 기후에 맞추어 준비하며 기후변화에 대비하여 긴 팔 옷도 1벌 정도 준비한다.

신발 : 오래 걸어도 발이 아프지 않는 신발을 준비하며 새것은 길들여지지 않아 오히려 불편할 수 있다. 여름에는 샌들을 준비해 가면 해변가에서 요긴하게 사용할 수 있다.

화장품, 세면도구 : 자외선 차단제는 필수적으로 준비해 간다.

비상약 : 반창고, 감기약, 종합외상연고, 소화제, 위장약, 설사약, 진통제 등을 준비한다.

여성위생용품 : 현지의 슈퍼나 약국에서 쉽게 구입할 수 있으므로 조금만 준비한다.

단백질 제거제와 식염수 : 콘택트렌즈 착용자의 경우 작은 통에 여러 개를 준비하면 좋다.

기타 : 필기도구, 계산기, 카메라, 비옷 또는 우산, 여행회화책을 준비하도록 한다.

요령 있게 가방을 싸면 부피를 줄일 수 있고, 훨씬 편하게 가방을 맬 수 있다. 우선, 가벼우면서 부피가 큰 옷가지들을 가방 밑에 넣고, 가방의 모서리에 속옷이나 양말, 신발 등을 넣는다. 이때, 속옷이나 양말, 신발 등을 품목별로 따로 포장해야 서로 섞이지 않고, 이용이 편하다. 무거운 짐은 배낭 위쪽에 넣는 것이 배낭을 메었을 때 덜 무겁게 느껴진다.

Best in USA 여기는 꼭 가자go!
뉴욕 핵심 코스!

| 뉴욕 |
New York

세계 무역, 금융, 패션의 중심지!
세상에서 가장 역동적인 도시 중 하나인 뉴욕을 만끽해보자! 뉴욕은 크게 세 덩어리로 나누어 관광하면 효과적이다. ❶ 미드타운, ❷ 소호, ❸ 로어 맨해튼

| 로어 맨해튼 |
Lower Manhattan

자유의 나라 미국의 얼굴!
로어 맨하튼은 뉴욕 항의 관문이면서, 경제 금융의 핵심지이다. 대표적인 볼거리로는 **배터리 파크**와 **자유의 여신상**, 그리고 **월스트리트, 뉴욕증권거래소, 페더럴 홀, 브루클린 다리** 등이 있다.

gajaGO ▶ 편리한 뉴욕의 지하철을 이용하자! 전철역에서 노선표를 구해 참고하면 된다. 토큰 또는 메트로 카드 Metro Card를 이용하면 된다.

World + English + Trip

뉴욕 미드타운의 볼거리

뉴욕을 대표한다는 5th Ave.(5번가)가 바로 이곳에 있다. 미드타운 웨스트에는 브로드웨이, 미드타운 이스트에는 파크 애버뉴가 있다.

| 핍스 애버뉴 | 5th Avenue
패션과 명품 숍들이 빽빽히 들어서 있는 유행 첨단의 스트리트. **카네기 홀, 패트릭스 성당, 록펠러 센터, 라디오시티 뮤직홀**이 있다. gajaGO ▶ Metro N, R 라인을 타고 5th Ave. 역에서 하차!

| 타임 스퀘어 | Times Square
세계의 쇼윈도우로 불리우는 곳! 휘황찬란한 야경이 일품인 곳. **토이즈러스, MTV 스튜디오, 마담 투소의 밀납인형 박물관, 허시즈 타임스 스퀘어**가 유명하다. gajaGO ▶ Metro N, R, S, W 라인 42nd Times Sq. St. 역 하차!

| 브로드웨이 | Broadway
세계 최고 수준의 공연 예술을 관람할 수 있는 곳! **브로드웨이 티켓 센터, TKTS 부스, 극장의 매표소**에서 표를 구할 수 있다. TKTS 부스를 이용하면 많이 할인된 가격으로 살 수 있다. gajaGO ▶ Metro N, R, S, W 라인 42nd Times Sq. St. 역 하차!

| 34번가 | 34th Street
매디슨 스퀘어 가든, 엠파이어 스테이트 빌딩, 뉴욕 시민들이 즐겨 찾는 대중적인 백화점들이 있다. gajaGO ▶ Metro N, R 라인 34th St. Herald Sq. 역 하차!

New York

소호
South of Houston St.

소호는 브로드웨이, 프린스 스트리트,
스프링 스트리트로 나누어 구경하면 된다.

뉴욕 예술의 발원지!
Soho는 South of Houston St.의 약자로 1950년대 전위적인 예술가들이 모여 지내던 곳이었으나, 최근 들어 갤러리와 부띠크가 줄줄이 생기면서 젊은이들의 패션거리로 탈바꿈 했다.

gajaGO ▶ Metro N, R 라인을 타고 Prince St. 역에서 하차하면 된다!

| 프린스 스트리트 | Prince Street
스트리트 아티스트들을 만날 수 있다. 아디다스 오리지날, 요지 야마모토, 미우미우 등의 매장이 있다.

| 브로드웨이 | Broadway
프라다, 리바이스, 아트리움, 앨리스 언더그라운드 매장이 있다. 카페, 레스토랑에서 간단한 식사를 즐기기에 좋다.

| 스프링 스트리트 | Spring Street
이곳의 매장 분위기는 비교적 차분하며, 보다 낭만적인 곳으로 카페와 아기자기한 매장들이 조화를 이루는 곳이다.

| 그리고 또! |
New York , and so on

그밖에 뉴욕을 여행하면서 놓치지 말아야 할 곳들이 있다. 현대 예술의 나침반으로 불리우는 **첼시 Chelsea**의 갤러리 거리, 뉴욕의 청춘들이 붐비는 **유니온 스퀘어 Union Square**, 뉴욕의 이국 지대 **리틀 이틀리 Little Italy**와 **차이나타운 Chinatown**, 도심 속 풍요로운 자연의 휴식처 **센트럴 파크 Central Park**, 박물관과 미술관으로 감성을 흠뻑 적실 수 있는 **어퍼 이스트 Upper East**, 이 모든 뉴욕 맨해튼의 모습을 한눈에 담을 수 있는 **브루클린 브릿지 Brooklyn Bridge**가 있다.

뉴욕 매니아들은 뉴욕을 제대로 보려면 최소한 4일 이상 1주일 정도의 시간을 가지라고 말한다.

제1장!
공항에서 출국!
출국수속 행동요령!

성공적인 여행을 위한 매뉴얼이거든!

❶ 출발 2시간 전에 공항에 도착할 것!

반드시 **비행기 출발 2시간 전(성수기에는 3시간 전)엔 공항에 도착해 있어야 한다.** 공항검색이 복잡해지면서 예상 소요시간을 넘기는 경우가 왕왕 있기 때문이다.

❷ 출국 신고서는 미리 작성해놓자!

공항 도착 후, 항공사 데스크에 비치되어 있는 **출국신고서를 작성한다.** (출국심사 때 제시하여야 한다.) 아직 군대를 안 간 병역 미필자는 여권과 출국카드, 국외여행 신고필증을 가지고 공항 병무신고소(인천공항은 3층 A, B 카운터 뒤쪽)로 가서 출국신고를 한다.

❸ 항공사 데스크에서 체크인을 하자!

다음은 해당 항공사 **체크인 데스크로 가서 체크인(보딩패스)을 한다!** 카운터 항공사 직원에게 여권과 항공권을 제시하고, 부칠 짐을 계근대에 올려 놓으면, 직원은 부칠 짐을 처리해 준다. 이때 탑승권에 수화물 탁송증(**Baggage Tag**)을 붙여 주는데 표시된 행선지를 한번 더 확인하는 게 좋다. 수화물 탁송증은 짐을 잃어버렸을 경우에 근거 자료로 제시하여야 하므로 잘 보관하도록 한다.

❹ 세관에 신고할 것이 있나요?

탑승수속을 마치면 출국장으로 간다. 먼저 세관을 통과하게 되는데, 미화 1만불을 초과하는 외화나 고가품의 물건을 소지하고 있다면 **출국 전에 신고를 해야만 귀국 시에 세금을 내지 않는다. 별도의 세관 신고 내용이 없다면 신경 쓰지 말고 다음으로 넘어 간다.**

❺ 보안검색대를 통과하라!

다음은 보안검색이다. 사람이 많으면 가장 시간이 많이 소요되는 곳이다. 보안검색대 앞에서 줄을 서서 순서를 기다린다. 순서가 되면 먼저 **가방을 X-ray 검색장비 컨베이어 위에 올려놓는다. 다음 개인소지품을 준비된 바구니에 넣고, 신발을 갈아 신으며, 보안검색 금속탐지 게이트를 통과하면 된다.**

❻ 출국심사대 심사원 앞에 선다!

보안검색을 마치면 출국 심사대로 간다. '인사와 함께' **여권, 탑승권, 출국신고서를 제시한다.** 심사원은 간단한 질문과 본인 확인 후 여권에 출국확인 도장을 찍고, 탑승권과 함께 다시 돌려준다.

❼ 출국수속 완료!

출국을 위한 수속이 완료되었으므로 남은 시간 동안 면세점을 구경하거나, 필요한 물건을 준비하도록 한다. (면세점, 서점, 식당, 식품점 등이 있으니 이용하도록 한다.) 출발 시간 30분 전까지는 해당 탑승 게이트에 가도록 한다. (탑승 게이트 번호는 탑승권에 표기되어 있다.) 여기서 기다렸다가 **탑승개시 시간이 되면 탑승권을 제시하고 탑승하면 된다.**

깔끔한 출국을 위한 출국수속 시뮬레이션!

a airport departure
d

● check in
- 항공사 카운터 찾기,
- 보딩패스,
- 짐 부치고, 좌석 확인,
- 게이트, 탑승시간 확인

● customs
- 보안검색대 통과,
- 신고물품 확인

● immigration
- 출국심사,
- 여권, 출국신고서 확인,
- 탑승 게이트 위치 확인,
- 여유 시간 활용

World + English + Trip

상황을 즐겨라!
중요표현 3종세트!

여행 중에 반드시 만나는 상황이 있습니다.
아울러 이런 상황에 꼭 필요한 표현들이 있고요.
피할 수 없는 대화라면 여러분이 먼저 선수를 치십시오.
그래서 준비했습니다. 상황종료를 위한 '중요표현 3종 Set'.
자! 이제부터 상황을 즐겨주십시오!

공항에서 꼭 쓰는 중요표현 3종 세트!

1

B : Where is the KAL counter?
  웨얼즈 더 카알 캬운터?
  대한항공 카운터는 어디입니까?

A : This way, please.
  디스 웨이, 플리즈.
  이쪽으로 오십시오.

A : Where would you like to seat, a window or an aisle seat?
웨어ㄹ 우쥬 라익 투 씻 어 윈도우 오어 언 아일 씻?
창측과 복도측 좌석, 어디에 앉으시겠습니까?

B : I'd like a window seat, please.
아이드 라이커 윈도우 씻, 플리즈.
창측 좌석으로 해주세요.

B : What's the gate number?
왓츠 더 게잇 넘버?
몇 번 게이트입니까?

A : Go to the gate 8, please.
고우 투 더 게잇 에잇, 플리즈.
8번 게이트입니다.

---

❶ 공항에 도착하면 짐부터 부치세요. 그래야 편합니다. ❷ 장거리 여행객이면 복도측 좌석이 여러모로 편합니다. ❸ 게이트 번호와 탑승시간을 꼭 확인하십시오. 비행기 놓치면 말짱 황입니다.

Have an exciting time on your trip!

01. 출국할 때! 공항에 도착하면요.

1. 안내데스크는 어디입니까?

2. 대한항공 카운터는 어디입니까?

3. 보딩패스는 어디에서 받습니까?

4. 카트는 어디에 있습니까?

5. 이 짐을 운반해주세요.

6. 여기가 국제선입니까?

7. 이 줄이 뉴욕행입니까?

Have a nice trip!

01. 공항에선 이렇게!
공항에 도착하면 이용할 항공사 카운터를 먼저 찾습니다. 항공사 카운터는 해당 항공사 마크를 찾아 따라 가면 됩니다.

1 **Where is the information desk?**
웨얼즈 더 인퍼메이션 데스크?

2 **Where is the KAL counter?**
웨얼즈 더 카알 카운터?

3 **Where can I have boarding pass?**
웨어ㄹ 캐나이 해브 보딩패스?

4 **Where is a cart?**
웨얼즈 어 카트?

5 **Please carry this luggage.**
플리즈 캐리 디스 러개쥐.

6 **Is this international flight?**
이즈 디스 인터네셔널 플라잇?

7 **Is this flight for New York?**
이즈 디스 플라잇 풔 누우욕?

World + English + Trip

▶ Airport

Have an exciting time on your trip!

02. 먼저! '보딩 패스'를 하세요!

1. 항공권을 보여주세요.

2. 여기 있습니다.

3. 창가 쪽 좌석을 주세요.

4. 복도 쪽 좌석을 주세요.

5. 탑승시간은 언제입니까?

6. 탑승게이트는 몇 번입니까?

7. 8번 게이트는 어디입니까?

Have a nice trip!

02. 보딩패스는요~!
보딩패스는 '탑승권 교부절차'를 말하며, 비행기좌석을 확인 받고, 짐을 부치고, 탑승게이트에 대한 안내를 받게 됩니다. 비행기 출발시간을 꼭 확인할 것!

1 Please show your boarding pass.
플리즈 쇼우 유어ㄹ 보딩패스.

2 Here it is.
히어ㄹ 잇 이즈.

3 I'd like a window seat, please.
아이드 라이커 윈도우 씻, 플리즈.

4 I'd like an aisle seat, please.
아이드 라이컨 아일 씻, 플리즈.

5 When is boarding time?
웬 이즈 보딩타임?

6 What's the gate number?
왓츠 더 게잇 넘버?

7 Where is gate number eight?
웨얼즈 게잇 넘버 에잇?

▶ Airport

World + English + Trip

03. 카운터에서 짐을 부치세요!

1 부칠 짐이 있습니까?

2 가방이 3개 있습니다.

3 이것은 '취급주의'로 해주세요.

4 초과금을 내야 합니까?

5 초과금은 얼마입니까?

6 수하물표를 확인해 주세요.

7 수하물표는 2개입니다.

Have a nice trip!

03. 짐이 많으면요~

항공기 안의 캐비닛은 매우 좁습니다. 웬만큼 큰 짐은 보딩패스를 할 때 부치는 것이 좋습니다. 1인당 기준용량이 넘으면 초과요금을 내야 합니다.

airport departure

1 Do you have a baggage to check in?
두유 해버 배개쥐 투 췌킨?

2 I have three suitcases.
아이 햅 쓰리 쑤트케이씨즈.

3 Please handle this carefully.
플리즈 핸들 디스 케어풀리.

4 Do I have to pay overweight fee?
두 아이 햅투 패이 오버웨잇 퓌?

5 How much is the overweight fee?
하우 머취 이즈 더 오버웨잇 퓌?

6 Please check your baggage claim tag.
플리즈 췌큐어 배개쥐 클레임 택.

7 There are two baggage claim tags.
데얼 아 투 배개쥐 클레임 택스.

▲ Airport

World + English + Trip

04. 항공기
탑승시작! 기내로!

1. 제 자리는 8-A입니다.

2. 탑승권을 보여주시겠습니까?

3. 제 좌석은 창 쪽입니다.

4. 제 자리는 통로 쪽입니다.

5. 죄송하지만, 자리를 바꿔도 됩니까?

6. 통로 쪽 자리를 원합니다.

7. 여기에 앉아도 됩니까?

Have a nice trip!

04. 비행기를 타기 전엔~!
| 탑승게이트 대기실에서 기다립니다. 시간이 남으면 면세점 쇼핑이나, 개인적인 용무를 미리 마치는 것이 좋습니다. |

1 My seat is 8-A.
마이 씻 이즈 에잇 에이.

2 Can I see your boarding pass?
캐나이 씨 유어ㄹ 보딩패스?

3 I have a window seat.
아이 해버 윈도우 씻.

4 I have an aisle seat.
아이 해번 아일 씻.

5 Can I change my seat?
캐나이 췌인지 마이 씻?

6 I'd like an aisle seat.
아이드 라이컨 아일 씻.

7 Can I seat here?
캐나이 씻 히어ㄹ?

▲ Airport

World + English + Trip

Have an exciting time on your trip!

05. 기내좌석에 앉습니다.

1 담요를 부탁합니다.

2 베개를 주실 수 있나요?

3 한국 신문 있습니까?

4 스포츠 신문 있습니까?

5 헤드폰이 안 됩니다.

6 의자를 뒤로 젖혀도 될까요?

7 좀 지나가도 될까요?

Have a nice trip!

05. 좌석을 찾으면요.

| 안전을 위해 짐을 선반 위에 올려 넣습니다. 좌석에 앉으면 안전벨트를 착용하고, 상단에 있는 표시등의 지시를 따릅니다. |

1 I'd like to have a blanket.
아이드 라익투 해버 블랭킷.

2 Can I have a pillow?
캐나이 해버 필로우?

3 Do you have a Korean newspaper?
두유 해버 코리언 뉴스페이퍼?

4 Do you have a sports newspaper?
두유 해버 스포츠 뉴스페이퍼?

5 My headphone is not working.
마이 헤드포운 이즈 낫 워킹.

6 May I recline my seat?
메이 아이 리클라인 마이 씻?

7 Could I go through?
쿠다이 고우 스루?

World + English + Trip

▶ Airport

06. 기내식을 드세요!

1 물 좀 주십시오.

2 좌석을 바로 해주시겠습니까?

3 쇠고기와 생선요리, 어느 것을 드시겠습니까?

4 쇠고기 요리로 주십시오.

5 와인 한 잔 주세요.

6 맥주 한 캔 더 주세요.

7 맛있게 잘 먹었습니다. 고맙습니다.

Have a nice trip!

06. 기내식이 나오면요.

| 좌석을 바로 하고 테이블을 내립니다. 미리 주문을 하지 않았다면 선택메뉴를 이용합니다. 음료와 주류와 간단한 스낵류의 주문이 가능합니다. |

1 **I'd like a cup of water.**
아이드 라익 어 컵 오브 워러.

2 **Could you put your seat up?**
쿠쥬 풋 유어ㄹ 씻 업?

3 **Would you like beef or fish?**
우쥬 라익 비프 오어 피쉬?

4 **Beef, please.**
비프, 플리즈.

5 **Can I have a glass of wine?**
캐나이 해버 글래스 오브 와인?

6 **I'd like a beer, please.**
아이드 라이커 비어, 플리즈.

7 **I really enjoy this meal. Thank you.**
아이 리얼리 인조이 디스 밀. 땡큐.

▲ Airport

World + English + Trip

Have an exciting time on your trip!

07. 기내쇼핑이 시작됩니다.

1 한국담배 있습니까?

2 원화로 지불하겠습니다.

3 신용카드로 하겠습니다.

4 카탈로그에 있는 것으로 주세요.

5 모두 합해서 얼마인가요?

6 계산서를 주세요.

7 쇼핑백을 하나 더 주세요.

Have a nice trip!

07. 기내 면세점!

| 기내 쇼핑은 면세입니다. 선물이나 필요한 물품을 삽니다. (필기구, 초콜릿 등) 주문을 하고 귀국 시에 받거나 배송을 의뢰할 수 있습니다. |

1 **Do you have a Korean cigarette?**
두유 해버 코리언 씨가렛?

2 **I'll pay with Korean won.**
아윌 패이 위드 코리언 원.

3 **I'll pay by credit card.**
아윌 패이 바이 크레딧 카드.

4 **Give me the one in the catalog.**
깁미 더 원 인 더 카달록.

5 **What's the total?**
왓츠 더 토탈?

6 **I'd like to have a receipt.**
아이드 라익투 해버 리씻.

7 **Please give me a plastic bag.**
플리즈 깁미 어 플라스틱 백.

World + English + Trip

▶ Airport

Have an exciting time on your trip!

08. 기내에서의 문제 상황!

1 진통제 좀 주세요.

2 멀미약 있습니까?

3 화장실로 데려다 주세요.

4 지갑을 분실했습니다.

5 물 한 컵 주세요.

6 이제 괜찮으세요?

7 좀 괜찮아졌습니다. 고맙습니다.

Have a nice trip!

08. 기내에서 문제가 생기면!
승무원에게 도움을 청합니다. 몸이 좋지 않거나 분실물이 있거나 자리를 바꿀 때, 승무원의 지시를 따르는 것이 좋습니다.

airport
departure

1. **I need a pain killer.**
   아이 니더 패인 킬러.

2. **Do you have an antiairsickness pill?**
   두유 해번 안티에어씨크니스 필?

3. **Please take me to the restroom.**
   플리즈 테익 미 투 더 레스트룸.

4. **I lost my wallet.**
   아이 로스트 마이 웰렛.

5. **I'd like a cup of water.**
   아이드 라익 어 컵 오브 워러.

6. **Are you OK now?**
   아 유 오케이 나우?

7. **I feel better now. Thank you.**
   아이 필 베러 나우. 땡큐.

▶ Airport

World + English + Trip

Have an exciting time on your trip!

09. 선박을 이용해서 해외로!

1. 승선은 어디에서 합니까?

2. 승선은 몇 시입니까?

3. 하선은 몇 시입니까?

4. 선실은 어디입니까?

5. 자유석을 원합니다.

6. 침구가 필요합니다.

7. 뱃멀미약을 주세요.

Have a nice trip!

09. 선박을 타고 가려면!
배를 탈 때에 여권, 승선권은 기본이며, 기타 통관수수료, 입국 시 보증보험료 등을 요구하는 경우도 있습니다. 관련국 규정을 미리 조사하고 참고합시다.

1. **Where can I board?**
   웨어ㄹ 캐나이 보드?

2. **When is the boarding time?**
   웬 이즈 더 보딩타임?

3. **When is the disembark time?**
   웬 이즈 더 디스임박 타임?

4. **Where is the cabin?**
   웨얼즈 더 캐빈?

5. **I want to have non-reserved seat.**
   아이 원투 햅 난 리저브드 씻.

6. **I need to have blanket.**
   아이 니투 햅 블랭킷.

7. **Please give me an antiseasickness pill.**
   플리즈 김미 언 안티씨씩니스 필.

World + English + Trip

Have an exciting time on your trip!

10. 귀국할 때, 항공편의 예약!

1 서울행 항공편을 예약하려 합니다.

2 이번 토요일 서울행을 원합니다.

3 제 이름은 홍길동입니다.

4 아시아나 서울행을 원합니다.

5 다른 항공편은 없습니까?

6 가능한 한 빠른 편을 부탁합니다.

7 이코노미로 부탁합니다.

Have a nice trip!

10. 귀국준비는 이렇게요!

| 귀국을 위한 준비사항! 항공권의 예약! 항공권을 예약할 때에는 자신의 이름, 이용항공편, 목적지, 출발 일자를 말씀해주시면 됩니다. |

1. **I'd like to book a flight to Seoul.**
   아이드 라익투 부커 플라잇 투 서울.

2. **I'd like a flight to Seoul for this Saturday.**
   아이드 라이커 플라잇 투 서울 풔 디스 새러데이.

3. **My name is 홍길동.**
   마이 네임 이즈 홍길동.

4. **I want an Asiana airline to Seoul.**
   아이 원 언 애이지애나 에어라인 투 서울.

5. **Is there any other flight?**
   이즈 데어ㄹ 애니 아더 플라잇?

6. **Anything comes first please.**
   애니씽 컴즈 퍼스트 플리즈.

7. **Economy class please.**
   이커너미 클래스 플리즈.

▲ Airport

World + English + Trip

11. 항공편의 예약 재확인!

Have an exciting time on your trip!

airport departure

1 예약을 확인하고 싶습니다.

2 제 이름은 홍길동입니다.

3 KE7편 서울행입니다.

4 출발일은 5월 5일입니다.

5 토요일 3시 30분 출발입니다.

6 이 예약을 취소해 주십시오.

7 네, 당신의 예약이 확인되었습니다.

Have a nice trip!

11. 항공편 재확인은 이렇게!

여행 성수기에는 좌석을 충분히 확보 못하는 경우가 있습니다. 출발 72시간 전에는 예약 재확인을 하는 게 좋습니다.

airport departure

1 I'd like to confirm my reservation.
아이드 라익투 컨펌 마이 레져베이션.

2 My name is 홍길동.
마이 네임 이즈 홍길동.

3 KE 7 for Seoul.
케이이 쎄븐 풔 서울.

4 My departure date is May fifth.
마이 디파춰 데이 이즈 메이 퓌프스.

5 It'll leave at 3:30 on Saturday.
잇 윌 리브 엣 쓰리 써리 온 쌔러데이.

6 I'd like to cancel the reservation.
아이드 라익투 캔슬 더 레져베이션.

7 OK. Your reservation has been confirmed.
오케이. 유어ㄹ 레져베이션 해즈빈 컨펌드.

▶ Airport

World + English + Trip

Have an exciting time on your trip!

12. 공항에서 받을 수 있는 질문들!

1 무엇을 도와드릴까요?

2 언제 떠나십니까?

3 연락처를 말씀해 주세요.

4 탑승권을 보여 주세요.

5 짐이 있습니까?

6 천천히 말씀해 주세요.

7 다시 한번 말씀해 주세요.

Have a nice trip!

12. 이렇게 반응하세요!
공항이나 예약과 관련해서 받을 수 있는 질문과 반응 표현입니다. 이해가 안 되었다면 반드시 다시 묻고 그래도 어려우면 안내데스크의 도움을 받습니다.

1 What can I help you?
왓 캐나이 헬프 유?

2 When will you leave?
웬 윌 유 립?

3 Let me know your contact number.
렛 미 노우 유어ㄹ 컨택 넘버.

4 Show your boarding pass.
쇼우 유어ㄹ 보딩패스.

5 Do you have a baggage?
두유 해버 배개쥐?

6 Please tell me slowly.
플리즈 텔미 슬로울리.

7 Please tell me one more time.
플리즈 텔미 원 모어ㄹ 타임.

World + English + Trip

Yes, you got it!

이런 단어면 상황 끝이야!

공항에선 이런 단어가 필요해요!

공항	airport 에어포트
국제선	international airport 인터네셔널 에어포트
국내선	domestic airport 도메스틱 에어포트
항공사 카운터	airline counter 에어라인 카운터
안내소	information desk 인퍼메이션 데스크
대합실	waiting area 웨이팅 에어리어
탑승구	gate 게잇
여행사	travel agency 트래블 에이전시
면세점	duty free shop 듀티 프리샵
약국	pharmacy 파머시
환전소	exchange counter 익스췌인지 카운터

은행	bank 뱅크
공중전화	public phone 퍼블릭 폰
식당	dining room 다이닝 룸
화장실	restroom 레스트룸
기념품점	souvenir store 수브니어 스토어
세관	customs 커스텀즈
코인로커	coin locker 코인 록커
수유실	feeding room 퓌딩룸
귀빈실	VIP lounge 브이아이피 라운지

출국장! 이런 단어가 필요해요!

여권	passport / 패스포트
비자	visa / 비자
항공권	boarding pass / 보딩패스
공항세	airport tax / 에어포트 택스
탑승절차	check in / 첵킨
좌석번호	seat number / 씻 넘버
탑승권	boarding pass / 보딩패스
수하물	luggage / 러개쥐
인환증	baggage claim tag / 배개쥐 클레임 택
통로측 좌석	aisle seat / 아일 씻
창측 좌석	window seat / 윈도우 씻
탑승구	gate / 게잇
승선권	boarding pass / 보딩패스
페리	ferry / 훼리
선실	cabin / 캐빈

항구	port / 포트
갑판	deck / 덱
승선	board / 보드
하선	disembark / 디스임박
자유석	non-reserved seat / 난 리져브드 씻
식당칸	dining car / 다이닝 카
매점	snack bar / 스낵 바

기내에선 이런 단어가 필요해요!

물	water / 워러
음료수	beverage / 비버래쥐
커피	coffee / 커퓌
홍차	tea / 티

World + English + Trip

Trip Dictionary

오렌지주스	orange juice 오린쥐 쥬스		진통제	pain killer 패인 킬러
콜라	coke 콕		배멀미약	antiseasickness pill 안티씨씩니스 필
와인	wine 와인		소화제	digestion 다이제스천
맥주	beer 비어			
스낵	snack 스낵		**기내엔 이런 안내문이 있어요!**	
땅콩	peanut 피넛		안전벨트 착용!	fasten your seatbelt 패슨 유어ㄹ 셋벨트
잡지	magazine 매거진		금연!	non-smorking 난 스모킹
신문	newspaper 뉴스페이퍼		좌석으로 돌아가시오	Please back to your seat 플리즈 백투 유어ㄹ 씻
담요	blanket 블랭킷			
베개	pillow 필로우		사용중!	occupied 어큐파이드
산소마스크	air mask 에어 매스크		비어 있음	vacant 배이컨트
구명조끼	lifeguard jacket 라이프가드 자켓		화장실에선 금연	non-smoking at laboratory 난 스모킹 엣 래버러토리
헤드폰	headphone 헤드포운			
기념품	souvenir 수브니어		잠김	locked 락트
구급약	first aid 퍼스트 애드		열림	open 오픈

World + English + Trip

식수 아님	Not edible 낫 이더블!
비상버튼	Emergency bell 이머전시 벨

예약할 땐 이런 단어가 필요해요!

예약	reservation 레져베이션
예약확인	confirm reservation 컨펌 레져베이션
재확인	reconfirm 리컨펌
취소	cancel 캔슬
항공편명	flight number 플라잇 넘버
이름	name 네임
연락처	contact number 컨택 넘버
출발일	departure date 디파춰 데이트
출발지	departure place 디파춰 플레이스
도착지	arrival place 어라이벌 플레이스
티켓	ticket 티켓

편도표	one-way ticket 원 웨이 티켓
왕복표	round trip ticket 라운드 트립 티켓
항공사	airline company 에어라인 컴퍼니
여행사	travel agency 트래블 에이전시
여행사직원	travel agent 트래블 에이전트
운임	fare 훼어
통과	pass 패스
환승	transit 트랜짓
대기	stand-by 스탠바이

그밖에 필요한 단어가 있어요!

승무원	flight attendant 플라잇 어탠던트
남승무원	steward 스튜어드

World + English + Trip

Trip Dictionary

여승무원	stewardess 스튜어디스	계산	caculate 칼큘레잇
기장	captain 캡튼	배송	delivery 딜리버리
사무장	chief 취프	주문	order 오더
면세품	duty free item 듀티 프리 아이템		
선물용	for present 풔 프레젠트		
개인용	personal purpose 퍼스널 퍼포즈		
담배	cigarette 시가렛		
화장품	cosmetics 커스매틱스		
향수	perfume 퍼퓸		
위스키	wisky 위스키		
초콜릿	chocolate 초콜릿		
목걸이	necklace 넥클래스		
반지	ring 링		
시계	watch 왓치		
장난감	toy 토이		

Trip Dictionary
Yes, you got it!

World + English + Trip 056

워싱턴
Washington D.C.

WASHINGTON D.C.

미국의 심장, 세계 정치와 외교의 무대, 워싱턴 D.C.

도시 전체적으로 품위와 정연함이 돋보인다. 지하철로 가 볼 수 있는 주요 관광 스폿으로는 **백악관 White House**(Federal Triangle선, Metro Center 역), **국회 의사당 The Capitol**(Capitol South선, Union Station 역), **최고 재판소 Supreme Court**(Capitol South선, Union Station 역), **국립 미술관 National Gallery of Art**(Archives 역), **미항공우주박물관 National Air & Space Museum**(L'Enfannt Plaza 역), **스미스소니언 연구소 Smithsonian Institution**(Smithsonian 역), **제퍼슨 기념관 Thomas Jefferson Memorial**(Smithsonian 역) 등

World + English + Trip

제2장!
공항에서 입국/귀국!
입국심사 행동요령!

길을한 여행을 위한 성공 매뉴얼이거든!

❶ 비행기 착륙 전에 출입국신고서 작성!

비행기 안에서 미국(호주, 영국) 입국 시 필요한 출입국신고서를 영문 대문자로 작성해 둔다. 입국신고서를 작성할 때에는 **여권 앞장을 참고**해서 모든 사항을 정확하게 기재하고 신고서의 서명란에 여권과 같은 사인을 하도록 한다. **입국신고서를 잘 작성해 놓으면 입국심사 때 간단한 질문만으로 통과**할 수 있으나, 그렇지 않을 경우, 여행목적, 여행경비, 귀국용 티켓 등의 여러 가지 조사를 받게 된다.

❷ 화살표를 따라 입국장으로!

비행기에서 내리면 연결 통로를 따라 입국심사장으로 들어서게 된다. 표지(**Immigration**)나 화살표를 따라 가면 되며, 우리는 외국인(**Foreigner**)이라고 표시되어 있는 입국 심사대로 가서 줄을 선다.

❸ 입국심사대 쉽게 통과하는 방법!

가장 쉽게 입국심사를 통과하는 방법은 '웃는 얼굴'로 인사를 하면서 미리 작성한 **출입국신고서**와 **여권**, 돌아올 **항공권** 그리고 **호텔 예약증**(바우처)을 잘 볼 수 있도록 함께 제시하면 된다. 보통 물어 보는 내용이 '어디서 얼마나 지낼 거냐? 돌아갈 표는 있느냐?' 이기 때문에 이렇게 한꺼번에 제시하면 입국심사가 짧아질 수 밖에 없다. (그러면 심사관은 입국자의 최종 체류기간을 정하고 여권에 입국 확인 스탬프를 찍은 후, 입국신고서만 절단한 후 출국신고서를 여권과 같이 돌려준다.) 질문 내용은 보통 **여행목적이나 체류기간 등을 물어보므로** 'Sightseeing(관광), **7 days**(7일)'처럼 간단히 영어로 대답하면 된다. 혹시 영어를 못하는 경우에는 통역직원을 부탁하면 된다. (**Interpreter, please.**)

❹ 세관은 어떻게 통과할까?

입국심사를 마친 후, 출발 전에 짐을 따로 부친 것이 있으면 자신이 타고 온 비행기의 편명이 표시되어 있는 컨베이어벨트 앞으로 가서 짐을 찾는다. 비슷한 가방이 많으므로 자신만의 표시를 미리 해놓으면 찾기가 쉽다. 짐을 찾은 다음에는 세관검사를 받는데, **신고할 것이 없으면 녹색면세대**(**Nothing to Declare**)로 가서 줄을 선다. 순서가 되면 세관원에게 여권과 짐을 건네주면 되는데, 이때 세관원이 신고할 물건이 있는지 질문을 하므로 **No**(아니요)라고 답하면 된다.

참고로 미국 입국 시에 면세 범위는 주류 1리터(만 21세 이상), 담배는 여러 종류의 담배를 소지할 경우에 합계 250g까지이다. **세관 검사를 받으면 입국을 위한 모든 수속이 완료**된 것이므로 공항 밖으로 나오면 된다.

공항에서 입국수속 쉽게 끝내는 시뮬레이션!

- **immigration**
  - 입국심사,
  - 여권, 출입국신고서 제시,
  - 간단한 질문과 대답,
  - 출국신고서 첨부된 여권 되돌려 받기

- **baggage claim area**
  - 짐 찾는 곳으로 가서 짐찾기,
  - 수하물표로 내 짐 확인

- **customs**
  - 신고물품 확인,
  - 신고물품 없으면
  Nothing to Declare!

귀국준비는
이렇게 하면 된다!

귀국은 한국에서 출발할 때와 같은 방법으로 절차를 다시 받으면 된다. (왕복 항공권을 구입한 경우에는 출발 72시간 전에 해당 항공사에 전화로 예약 재확인을 한다.)

❶ 먼저, 자신이 탑승할 **항공사의 체크인 카운터**로 가서 **수하물을 부치고 탑승권**을 받는다.(**미국에서 출국할 경우에는 항공사 체크인 카운터에서 출국수속까지** 모두 하게 되므로 여권과 항공권, 출국신고서를 제시하면 여권에 출국 스탬프를 찍어서 탑승권과 함께 돌려준다.)

❷ 출국심사대로 가서 입국할 때 작성해 놓았던 **출국신고서와 여권을 제시**한다. 확인 도장을 받고 탑승게이트로 가서 탑승시간을 기다린다.

❸ 한국에 도착하면 **여권을 제출**하여 **입국심사를 받고 짐을 찾는다.**

❹ 다음, 세관에 **신고할 물건이 없으면 녹색검사대**로 나오면 되고, 미화 400달러 이상의 물건 등 **신고할 것이 있는 경우에는 세관신고서를 작성하여 적색검사대에서 검사를 받는다.**

상황을 즐겨라!
중요표현 3종세트!

여행 중에 반드시 만나는 상황이 있습니다.
아울러 이런 상황에 꼭 필요한 표현들이 있고요.
피할 수 없는 대화라면 여러분이 먼저 선수를 치십시오.
그래서 준비했습니다. 상황종료를 위한 '중요표현 3종 Set'.
자! 이제부터 상황을 즐겨주십시오!

입국심사용 중요표현 3종 세트!

A : What's the purpose of your visit?
왓츠 더 퍼포즈 옵 유어ㄹ 비짓?
방문목적은 무엇입니까?

B : For sightseeing.
풔 싸잇씨잉.
관광입니다.

A : How long are you going to stay?
하우롱 아 유 고잉 투 스테이?
얼마나 오래 머무실 겁니까?

B : 15 days.
핍틴 데이즈.
15일이요.

A : Do you have anything to declare?
두 유 해브 에니씽 투 디클레어?
신고하실 물건이 있으십니까?

B : Nothing.
낫씽.
없습니다.

❶ 입국심사대에 서면 웃는 얼굴로 인사부터 합니다. 그래야 쉽습니다. ❷ 여권, 입국신고서, 항공권, 숙박 예약증 등을 잘 볼 수 있도록 한꺼번에 제시합니다. 그래야 따로 안 물어봅니다. ❸ 여행자의 여유로움을 보여주십시오. 태도가 어정쩡하면 질문이 길어집니다.

Have an exciting time on your trip!

01. 드디어 목적지 도착!

1. 입국신고서를 한 장 주세요.

2. 필기구를 빌려 주세요.

3. 신고서 쓰는 방법을 가르쳐 주세요.

4. 여기에는 무엇을 씁니까?

5. 이렇게 쓰면 됩니까?

6. 신고서를 한 장 더 주실 수 있나요?

7. 실수를 했습니다.

Have a nice trip!

01. 입국 직전 체크하자!

목적지에 착륙하기 전에 준비해야 할 것으로 입국신고서가 있습니다. 미리 준비해 놓으면 좋습니다. 입국신고서는 승무원에게 요구하면 됩니다.

1 Please give me an immigration card.
플리즈 깁미 언 이미그레이션 카드.

2 Please give me something to write.
플리즈 깁미 썸씽 투 롸잇.

3 Show me how to fill out the card, please.
쇼우 미 하우 투 휠아웃 더 카드, 플리즈.

4 What should I write here?
왓 슈다이 롸잇 히어ㄹ?

5 Is this OK?
이즈 디스 오케이?

6 Can I have one more card?
캐나이 햅 원 모어 카드?

7 I made a mistake.
아이 메이더 미스테익.

World + English + Trip

▶ Airport

02. 입국심사대로 이동하세요!

1. 입국심사대가 어디입니까?

2. 여기가 외국인 줄입니까?

3. 어디로 가야합니까?

4. 여기가 입국심사대입니까?

5. 여기 서있으면 됩니까?

6. 여권을 보여 주시겠습니까?

7. 여기 있습니다.

Have a nice trip!

02. 입국심사대는 이쪽?

'입국심사대'(영어로 Immigration 또는 Passport Control이라고 표시)로 이동합니다. 통상 내국인(Residents)과 외국인(foreigners)으로 구분돼 있습니다.

1 Where is the immigration desk?
웨얼즈 더 이미그레이션 데스크?

2 Is this line for foreigners?
이즈 디스 라인 풔 포리널스?

3 Where should I go?
웨어ㄹ 슈다이 고?

4 Is this an immigration desk?
이즈 디스 언 이미그레이션 데스크?

5 Should I line up here?
슈다이 라인업 히어ㄹ?

6 May I see your passport?
매아이 씨 유어ㄹ 패스포트?

7 Here it is.
히어ㄹ 잇 이즈.

▶ Airport

World + English + Trip

03. 입국심사의 시작!

Have an exciting time on your trip!

1 안녕하세요?

2 여권 좀 보여 주시겠습니까?

3 여기 있습니다.

4 방문 목적은 무엇입니까?

5 관광(연수, 출장)입니다.

6 얼마 동안 체류합니까?

7 1주일 정도입니다.

Have a nice trip!

03. 입국심사는 이렇게!
입국심사대에 서면 간단한 인사와 함께 여권과 입국신고서, 그리고 항공권을 제출합니다. 심사원의 질문에는 밝은 표정으로 답하는 것이 좋습니다.

1 Good morning. / Good afternoon. / Good evening.
굿 모닝. / 굿 앱터눈. / 굿 입닝.

2 May I see your passport?
매아이 씨 유어ㄹ 패스포트?

3 Here it is.
히어ㄹ 잇 이즈.

4 What's the purpose of your visit?
왓츠 더 퍼포즈 옵 유어ㄹ 비짓?

5 For sightseeing (study, business).
풔 싸잇씨잉 (스터디, 비지니스).

6 How long are you going to stay?
하우롱 아 유 고잉 투 스테이?

7 For one week.
풔 원 윅.

▶ Airport

World + English + Trip

Have an exciting time on your trip!

04. 입국심사 추가 질문!

1 런던에서 체류하시는 곳은 어디입니까?

2 어느 호텔에 묵습니까?

3 파크 에비뉴의 친척집입니다.

4 파크 호텔입니다.

5 최종목적지는 어디입니까?

6 귀국 항공권은 가지고 계십니까?

7 네, 여기 있습니다.

Have a nice trip!

04. 추가적으로 더 물어보면요!

| 기본적인 것 외에 추가적으로 귀국항공권의 소지여부나 체류지, 숙소 등의 구체적인 내용을 질문하기도 합니다. 밝게 또박또박 심사원에게 말하면 됩니다. |

1. **Where will you stay in London?**
   웨어ㄹ 윌 유 스테이 인 런던?

2. **Which hotel are you going to stay?**
   위치 호텔 아 유 고잉 투 스테이?

3. **My relative's house at Park avenue.**
   마이 렐러팁스 하우스 엣 파크 애비뉴.

4. **At Park hotel.**
   엣 파크 호텔.

5. **What's your final destination?**
   왓츠 유어 파이널 데스티네이션?

6. **Do you have a return ticket?**
   두유 해버 리턴 티켓?

7. **Yes, I do.**
   예스, 아이 두.

World + English + Trip

▶ Airport

05. 수하물을 찾으십시오!

1 수하물은 어디에서 찾습니까?

2 제 짐이 나오지 않습니다.

3 제 짐을 찾아 주십시오.

4 이것이 저의 수하물 인환증입니다.

5 저는 KE7을 타고 왔습니다.

6 제 짐을 빨리 찾아야 합니다.

7 제 짐이 파손되었습니다.

Have a nice trip!

05. 수하물은 여기에!
| 입국심사가 끝나면 '수하물취급소'(Baggage claim area)로 갑니다. 똑같은 가방이 많으니 인환증(claim tag)을 반드시 확인합니다. |

1 Where can I pick up my baggage?
웨어ㄹ 캐나이 피컵 마이 배기쥐?

2 I think my baggage is missing.
아이 띵 마이 배기쥐 이즈 미씽.

3 Please find my baggage.
플리즈 파인 마이 배기쥐.

4 Here is my baggage claim tag.
히얼즈 마이 배기쥐 클레임 택.

5 I fly with KE 7.
아이 플라이 위드 케이 쎄븐.

6 I need to find my baggage soon.
아이 니투 파인 마이 배기쥐 쑤운.

7 My baggage is damaged.
마이 배기쥐 이즈 대매쥐드.

▲ Airport

World + English + Trip

06. 세관검사대로 갑니다!

1 신고하실 물건이 있습니까?

2 세관신고서를 보여주십시오.

3 특별히 신고하실 물건이 있습니까?

4 식물이나 동식물이 있습니까?

5 없습니다.

6 모두 개인 소지품입니다.

7 가방 좀 열어 주시겠습니까?

Have a nice trip!

06. 세관검사대 앞에선!

미리 가방의 열쇠 등을 풀어 보여줄 준비를 해둡니다. 별도의 신고물품이 있다면 신고서를 작성하여 제출하도록 합니다. 짐이 간편할수록 빠릅니다.

1 **Anything to declare?**
애니씽 투 디클레어?

2 **Please show your customs declaration.**
플리즈 쇼우 유어ㄹ 커스텀 디클레이션.

3 **Do you have anything to declare?**
두유 해브 애니씽 투 디클레어?

4 **Are you carrying plants or animals?**
아 유 캐리잉 플랜츠 오어 애니멀즈?

5 **No, I'm not.**
노우, 아임 낫.

6 **Only personal belongings.**
온니 퍼스널 비롱잉즈.

7 **Could you open your bag?**
쿠쥬 오픈 유어ㄹ 백?

World + English + Trip

07. 세관에서 문제가 생겼을 때!

1. 이것은 선물입니다.

2. 제가 사용하던 것입니다.

3. 이것은 제 것입니다.

4. 이것들을 보세창고에 맡기겠습니다.

5. 나중에 찾겠습니다.

6. 물품보관증을 주십시오.

7. 세금은 얼마를 내야 합니까?

Have a nice trip!

07. 세관원에게 말합니다.
| 반입 물품에 문제가 있으면, 세금을 물거나 보세창고에 물품을 맡기고, 대신 보관증(Bond)을 받고 물품을 나중에 되찾는 방법이 있습니다. |

1. **This is a gift.**
   디씨즈 어 기프트.

2. **This is for my personal use.**
   디씨즈 풔 마이 퍼스널 유즈.

3. **This is mine.**
   디씨즈 마인.

4. **I'll keep this baggage in bond.**
   아윌 킵 디스 배기쥐 인 본드.

5. **I'll pick it up later.**
   아윌 피키럽 레이러.

6. **Please give me baggage claim check.**
   플리즈 깁미 배기쥐 클레임 첵.

7. **How much tax do I have to pay?**
   하우 머춰 택스 두 아이 햅투 패이?

World + English + Trip

▲ Airport

08. 혹시 환승을 하시나요?

1. 저는 밴쿠버행 환승객입니다.

2. 아시아나 항공 승객입니다.

3. 환승객은 어디로 갑니까?

4. 몇 시간 동안 여유가 있습니까?

5. 시내 관광이 가능합니까?

6. 환승객 숙소는 어디입니까?

7. 탑승수속은 어디에서 합니까?

Have a nice trip!

08. 환승을 해야 하는 경우
공항에서 시간을 보내거나(면세점 이용 가능), 시내 관광을 할 수도 있으며, 제공되는 호텔에서 1박을 할 수도 있을 것입니다.

1 I'm a transit passenger for Vancouver.
아임어 트랜짓 패씬저 풔 뱅쿠버.

2 I'm an Asiana airline passenger.
아임 언 애이지애나 에어라인 패씬저.

3 Where should a transit passenger go?
웨어ㄹ 슈더 트랜짓 패씬저 고우?

4 How much time do I get?
하우 머취 타임 두 아이 겟?

5 Can I look around downtown?
캐나이 루커라운드 다운타운?

6 Where is the hotel for transit passenger?
웨얼즈 더 호텔 풔 트랜짓 패씬저?

7 Where should I go for check in?
웨어ㄹ 슈다이 고 풔 췌킨?

World + English + Trip

Have an exciting time on your trip!

09. 현지 공항의 여행안내소

1. 여행안내소는 어디에 있습니까?

2. 시내 여행안내 자료를 원합니다.

3. 지하철 지도가 있습니까?

4. 한글로 된 것이 있습니까?

5. 싼 숙소를 찾을 수 있습니까?

6. 가까운 숙소는 어디입니까?

7. 호텔예약을 부탁드려도 될까요?

Have a nice trip!

09. 안내소에서 챙길 것들!
| 안내소에서는 다양한 여행 자료(시내지도, 버스시간표, 지하철노선도 등)들이 무료로 제공됩니다. 한글로 되어 있는 안내서도 챙기실 수 있을 것입니다. |

1 **Where is a tourist information center?**
웨얼즈 어 투어리스트 인퍼메이션센터?

2 **I want a tourist information about downtown.**
아이 워너 투어리스트 인퍼메이션 어바웃 다운타운.

3 **Is there a subway map?**
이즈 데어러 썹웨이 맵?

4 **Is there something in Korean?**
이즈 데어ㄹ 썸씽 인 코리언?

5 **Can I get a cheap accommodation?**
캐나이 게러 칩 어커머데이션?

6 **Where is the nearest accommodation?**
웨얼즈 더 니어리스트 어커머데이션?

7 **Could you help me book a hotel?**
쿠쥬 헬프미 부커 호텔?

World + English + Trip

▶ Airport

Yes, you got it!

이런 단어면 상황 끝이야!

입국장, 이런 단어가 필요해요!

입국관리	immigration 이미그레이션	환승객	transit passenger 트랜짓 패씬저
입국심사	immigration 이미그레이션	대합실	waiting lounge 웨이팅 라운지
검역	quarantine 쿼런틴	환승편	connecting flight 커넥팅 플라잇
내국인	resident 레지던트	탑승권	boarding pass 보딩 패스
외국인	foreigner 포리너	탑승구	boarding gate 보딩 게잇
입국카드	immigration card 이미그레이션 카드	대기	stand-by 스탠바이
여권	passport 패스포트	셔틀버스	shuttle bus 셔틀버스
비자	visa 비자	안내방송	announcement 아나운스먼트
목적지	destination 데스티네이션	공중전화	public phone 퍼블릭 포운
출발지	departure place 디파춰 플레이스		
경유지	stopover place 스탑오버 플레이스		

세관에선 이런 단어가 필요해요!

airport arrival

수하물	baggage 배개쥐
분실	missing 미씽
연착	delay 딜레이
수하물 인환증	baggage claim tag 배개쥐 클레임 택
큰 가방	big-size bag 빅사이즈 백
작은 가방	small-size bag 스몰 사이즈 백
핸드백	handbag 핸드백
지갑	wallet 월렛
선물	gift 기프트
개인용품	personal belongings 퍼스널 비롱잉즈
보관증	claim check 클레임 첵
세금	tax 택스
벌금	fine 파인
압수	seizure 시쥐
동물	animal 애니멀
식물	plant 플랜트
배송	delivery 딜리버리
책임	liability 라이어빌러티
보상	compensation 컴펜세이션
보험	insurance 인슈어런스

Trip Dictionary

Yes, you got it!

World + English + Trip

제3장! 교통편으로 이동! 뭘 타는 게 좋은가?

> 성공적인 여행을 위한 매뉴얼이거든!

❶ 항공 여행 상식

우리나라에서는 **미국**의 뉴욕, 워싱턴, LA 등 10개 이상의 도시로 매일 20~30편이 운행되며, 약 11~16시간 정도 소요된다. **영국**의 경우에는 대한항공과 아시아나항공이 직항편으로 런던의 히드로 공항까지 운항되고 있으며 소요시간은 약 12시간이다. **호주**는 시드니 공항까지 약 10시간이 소요되며 대한항공과 아시아나항공의 직항편이 매일 있다. 미국이나 영국, 호주 같이 **장시간 동안 비행을 하는 경우**에는 '일반석 증후군' 이라 하여 호흡곤란을 일으키기도 하므로 **충분한 수분섭취**와 함께 매시간마다 3~4분 정도 자리에서 일어나 **통로를 걷거나 스트레칭**으로 몸을 풀어줘야 한다.

transportation

❷ 미국의 교통수단!

항공 : 아메리칸, 유나이티드, 노스웨스트, 콘티넨털, 트랜스 월드 항공 등이 미국 국내 전역에 운항한다. **야간 비행 시에는 주간보다 20% 정도 요금이 할인**되며 미국 국내선을 외국인이 이용할 때 할인이 되는 **COUPON PASS, YVUSA, GROUP PASS** 등이 있으므로 이용 시 참고하도록 한다.

지하철 : 뉴욕, 보스톤, 시카고, 샌프란시스코, LA 등의 대도시에서 운행되며 요금은 지역에 따라 균일 요금제 또는 이동 거리에 따라 다르다. **뉴욕**의 경우에는 **균일 요금제**로 지하철 안의 **토큰 판매소에서 토큰을 구입**한 후 이용한다. 안전을 위해 **너무 늦은 시간에 이용하는 것은 삼가**한다.

철도 : 열차의 내부 시설이 잘 되어 있고 좌석도 넓어서 장거리 여행 시 이용하면 편리하다. 미국에는 700개 이상의 철도 회사가 있는데 그 중에서도 앰트랙의 열차를 대부분이 이용한다. 앰트랙에서는 외국인 이용객을 위한 **앰트랙 패스**를 발행하는데 앰트랙 전 노선을 기간 내에 자유롭게 이용할 수 있다. 여행 전 **국내의 앰트랙 대리점**이나 **여행사**를 통해 구입할 수 있으며 **현지의 주요 철도역**에서도 **구입**할 수 있다.

버스 : 시내 버스를 이용할 때에는 **동전이나 토큰으로 요금을 지불**해야 하며 **토큰**은 **지하철 매표소**나 **주요 교차점**에서 판매한다. 이용법은 앞문으로 승차하여 요금통에 요금을 넣고 목적지에 이르면 창문 위의 버튼이나 끈을 당긴 후 뒷문으로 하차하면 된다. 또한 버스로 장거리를 이동할 때에는 미국 최대의 버스 회사인 그레이하운드를 이용하면 된다. 그레이하운드와 제휴 버스 회사, 앰트랙의 일부 노선을 자유롭게 이용할 수

World + English + Trip

있는 **북미 대륙 패스**도 판매하므로 여행 전 한국의 여행사나 그레이하운드 한국지사에서 구입하도록 한다.

택시 : '캡'이라 불리는 미국의 택시는 전화를 이용해 부르거나 거리에서 손쉽게 이용할 수 있다. (차 지붕에 불이 켜져 있으면 이용 가능) 요금은 주별로 계산법이 다르며 **택시 요금의 15~20%를 팁으로 지불**한다.

렌터카 : 렌터카를 이용하려면 **국제운전면허증과 신용카드가 필요**하며 사용 후에는 기름을 채워서 반납한다. 반환시간보다 1시간이라도 늦으면 **추가요금**을 내야하므로 **주의**하도록 한다.

❸ 영국의 교통수단!

항공 : 영국항공, 텔타항공, 이지젯, 리안에어 등의 항공사가 영국내 대도시간에 운항되고 있으며 주요 공항으로는 **히드로**, **게트윅**, **스탠스테드 공항**이 있다.

철도 : 영국의 철도는 운행 편수도 많고 시설도 잘 되어 있어서 여행객에게 꽤나 편리한 교통수단이다. 그러나 영국에서는 유레일 패스를 사용할 수 없으므로 기차를 이용해 장거리를 이동할 계획이라면 **브리트레일패스**를 구입하는 것이 좋다. 브리트레일패스는 잉글랜드, 스코틀랜드, 웨일즈 등 모든 철도 구간을 자유롭게 이용할 수 있는 패스로서 **출발 전 국내 여행사에서 구입**한다.

지하철과 버스 : 영국에서는 **지하철**을 **Tube** 또는 **Underground**라고 하며 Subway는 길을 건너는 지하도를 의미한다. 런던에서는 하나의 티켓으로 버스와 지하철을 모두 이용할 수 있는 **One-day Travelcard**를 지하철역에서 판매하므로 **런던 시내 관광 시에 이용**해보도록 한다.

렌터카 : 영국은 **운전석의 위치**와 **자동차 통행방향**이 **우리와는 다르므로 운전 시에 주의**가 필요하다.

택시 : 검정색의 영국 택시는 지붕 위에 불이 들어와 있으면 이용할 수 있으며 **요금의 10~15%의 팁을 지불**한다.

❹ 호주의 교통수단!

항공 : 호주의 대표적인 항공사로는 **콴타스**와 **버진블루**가 있으며 버진블루 항공사는 비행기 내의 서비스를 구매제로 판매하고 있어서 항공료가 저렴하다.

철도 : 철도 이용 시 **티켓의 예약과 구입**은 시드니, 멜버른 등의 주요 도시의 **트래블 센터**나 **기차역**에서 할 수 있다. 예약은 12개월 전부터 가능하며 여행 전 국내에서도 구입할 수 있다. **국제학생증, 유스호스텔 회원증, VIP카드** 등이 있으면 **요금을 할인**해 준다.

버스 : 시내버스는 자주 있지 않으므로 **버스 운행표를 확인**하도록 한다. 버스 승차권은 신문 판매대나 문구점 또는 버스 운전사에게 직접 구입하며 **학생**의 경우에는 **할인요금**이 적용된다.

택시 : 24시간 운행되는 택시는 주에 따라 요금이 다르며 **심야**에는 **할증 요금**이 적용된다. 택시 안에 요금표가 붙어 있으며 **팁은 필요 없다**.

상황을 즐겨라!
중요표현 3종세트!

여행 중에 반드시 만나는 상황이 있습니다.
아울러 이런 상황에 꼭 필요한 표현들이 있고요.
피할 수 없는 대화라면 여러분이 먼저 선수를 치십시오.
그래서 준비했습니다. 상황종료를 위한 '중요표현 3종 Set'.
자! 이제부터 상황을 즐겨주십시오!

교통 관련 중요표현 3종 세트!

B : Where is the bus for downtown?
웨얼즈 더 버스 풔 다운타운?
시내로 가는 버스는 어디에 있습니까?

A : Right over there.
롸잇 오버 데어ㄹ.
바로 저기입니다.

B : Does this train go to New York?
더즈 디스 트레인 고우 투 누우욕?
이 기차 뉴욕에 갑니까?

A : Yes, it does.
예스, 잇 더즈.
네, 그렇습니다.

A : May I help you, sir?
메이 아이 헬퓨 써어ㄹ?
손님, 무엇을 도와드릴까요?

B : I'd like to rent a car.
아이드 라익투 렌터 카.
차를 렌트하고 싶습니다.

❶ 무조건 물어보고 탑니다. 그래야 안 틀립니다. ❷ 행선지를 메모해서 보여주세요. 그러면 더욱 확실합니다. ❸ 티켓을 사는 방법은 다른 사람들이 어떻게 하는지 일단 잘 보고 그대로 따라 하면 문제 없습니다. 이런게 '여행' 입니다.

Have an exciting time on your trip!

• transportation

01. 공항에서 시내로!

1 시내까지 어떻게 갑니까?

2 시내로 가는 교통은 어떤 것이 있나요?

3 힐튼 호텔로 가는 셔틀버스는 어디에 있나요?

4 시내로 가는 가장 빠른 방법은 무엇입니까?

5 시내까지는 얼마나 걸립니까?

6 시내까지 얼마입니까?

7 우리는 모두 3명입니다.

Have a nice trip!

01. 시내로 이동하는 방법
대부분의 국제공항은 시내와 떨어져 있으며, 시내까지의 이동시간은 보통 1시간 이상 소요됩니다. 가장 빠르고 경제적인 교통편을 미리 알아두면 좋습니다.

1 How can I get to the downtown?
하우 캐나이 겟 투 더 다운타운?

2 Which transportation goes to downtown?
위치 트랜스퍼테이션 고우즈투 다운타운?

3 Where can I catch a shuttle bus to Hilton hotel?
웨어ㄹ 캐나이 캐취 어 셔를버스 투 힐튼호텔?

4 What's the quickest way to get downtown?
왓츠더 퀴키스트 웨이 투 겟 다운타운?

5 How long does it take to downtown?
하우 롱 더즈 잇 테익 투 다운타운?

6 How much is it to downtown?
하우 머취 이즈 잇 투 다운타운?

7 We are three.
위아 쓰리.

▶ Trans.

World + English + Trip

Have an exciting time on your trip!

02. 기차는 빠릅니다!

1. 역은 어디입니까?

2. 매표소는 어디입니까?

3. 시애틀까지 한 장 주세요.

4. 편도(왕복)입니다.

5. 2등석으로 주세요.

6. 표를 바꾸고 싶습니다.

7. 이 표 환불됩니까?

Have a nice trip!

02. 기차여행!
장기여행의 경우 현지 열차의 정액(정기)권을 이용하는 게 경제적입니다. 창구에서 표를 살 땐 간단히 메모를 해서 표를 요구하면 쉽고 편합니다.

1. **Where is the train station?**
   웨얼즈 더 트레인 스테이션?

2. **Where is the ticket office?**
   웨얼즈 더 티켓 어피스?

3. **Can I have a ticket to Seattle?**
   캐나이 해브 어 티켓 투 씨애를?

4. **One-way (Round trip), please.**
   원 웨이 (라운드 트립), 플리즈.

5. **Second class, please.**
   쎄컨 클래스, 플리즈.

6. **I'd like to change my ticket.**
   아이드 라익투 췌인지 마이 티켓.

7. **Could I refund this ticket?**
   쿠다이 리펀 디스 티켓?

▲ Trans.

World + English + Trip

Have an exciting time on your trip!

03. 어떤 기차를 탑니까?

1. 지금 출발하는 열차가 있습니까?

2. 다음 기차는 몇 시에 있습니까?

3. 좀 더 빠른 것은 없습니까?

4. 당일에 돌아올 수 있습니까?

5. 돌아오는 것은 몇 시에 있습니까?

6. 급행이 있습니까?

7. 어디에서 갈아타야 합니까?

Have a nice trip!

03 기차여행 정보!

열차운행 정보는 역사에 마련된 자료를 이용합니다.(무료) 대표적인 기차여행 정보집으로 '토마스 쿡'과 '유레일 시간표'가 있습니다. (Eurail Timetable)

1 Is there a train leaving now?
이즈 데어러 트레인 리빙 나우?

2 When is the next train?
웬즈 더 넥스 트레인?

3 Are there any faster trains available?
아 데어ㄹ 애니 패스터 트레인즈 어배일러블?

4 Can I travel there for one day?
캐나이 트래블 데어ㄹ 풔 원 데이?

5 What time is a return ticket available?
왓 타임 이저 리턴 티켓 어배일러블?

6 Is there a express train?
이즈 데어러 익스프레스 트레인?

7 Where should I transfer?
웨어ㄹ 슈다이 트랜스퍼?

World + English + Trip

04. 런던행 플랫폼은 어딘가요?

1 런던행은 어디에서 탑니까?

2 몇 번 플랫폼입니까?

3 이 열차 웨일즈에 가나요?

4 보스톤 역에 정차합니까?

5 앞으로 몇 정거장 남았나요?

6 다음 역은 어디입니까?

7 런던 역이면 알려주시겠습니까?

Have a nice trip!

04. 기차를 타려면!

열차의 진행방향, 플랫폼 번호를 확인하고 승차 전에 반드시 역무원에게 물어보도록 합니다. 목적지, 정차역, 도착시간 등도 승차 전 확인해 주십시오.

1. **Where can I get a train for London?**
   웨어ㄹ 캐나이 게러 트레인 풔 런던?

2. **On which platform?**
   온 위치 플랫펌?

3. **Is this train going to Wales?**
   이즈 디스 트레인 고잉 투 웨일즈?

4. **Does this train stop at Boston station?**
   더즈 디스 트레인 스탑 엣 보스턴 스테이션?

5. **How many stops should I go?**
   하우 매니 스탑스 슈다이 고우?

6. **What's the next station?**
   왓츠 더 넥스트 스테이션?

7. **When it gets London, could you let me know?**
   웬 잇 겟츠 런던, 쿠쥬 렛미 노우?

▲ Trans.

World + English + Trip

Have an exciting time on your trip!

05. 이 열차에 식당차가 있나요?

trans portation

1. 식당차는 어디입니까?

2. 식당차를 예약하고 싶습니다.

3. 저녁 식사 두 사람입니다.

4. 7시에 가면 될까요?

5. 메뉴를 볼 수 있을까요?

6. 화장실은 어디입니까?

7. 매점에서 커피를 주문할 수 있나요?

Have a nice trip!

05. 열차 안의 시설물 이용!
장거리 기차여행의 경우 열차 내의 각종 편의시설을 이용합니다. 식당차와 매점, 클럽, 라운지, 화장실 등 기본적인 활동이 가능합니다.

1. Where is the dining car?
웨얼즈 더 다이닝 카?

2. I want to reserve a seat on the dining car.
아이 원투 리저버 씻 온 더 다이닝 카.

3. Two people for dinner.
투 피플 풔 디너.

4. Is it OK to get there at 7?
이즈 잇 오우케이 투 겟 데어렛 쎄븐?

5. Can I see a menu?
캐나이 씨 어 메뉴?

6. Where is the bathroom?
웨얼즈 더 배스룸?

7. Can I order a coffee at the snack bar?
캐나이 오더러 커퓌 엣 더 스낵바?

▲ Trans. 교통수단

World + English + Trip

Have an exciting time on your trip!

06. 야간열차는 아늑해!

1 침대차가 있습니까?

3 침대차로 주십시오.

2 위쪽 칸(아래 칸)으로 주세요.

4 더블린까지 침대차 요금은 얼마입니까?

5 다른 칸으로 바꿀 수 있습니까?

6 여기는 제 자리입니다.

7 저를 깨워줄 수 있으십니까?

Have a nice trip!

06. 야간열차를 이용할 때!
장거리나 국경을 넘어 이동할 경우, 야간열차는 여러모로 유용합니다. 침대차에서는 시트와 베개를 빌릴 수 있고, 차장에게 귀중품을 맡길 수 있습니다.

1 Is there a sleeping car?
이즈 데어러 슬리핑 카?

2 Can I reserve a seat on a sleeping car?
캐나이 리저브 어 씻 온 어 슬리핑 카?

3 I'd like a upper (lower) berth.
아이드 라이커 어퍼 (러우어) 버ㄹ스.

4 How much is it for Dublin at sleeping car?
하우 머취 이즈 잇 풔 더블린 엣 슬리핑 카?

5 Can I change my seat to other car?
캐나이 췌인지 마이 씻 투 아더 카?

6 This is my seat.
디씨즈 마이 씻.

7 Could you wake me up?
쿠쥬 웨익 미 업?

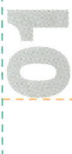

World + English + Trip

Have an exciting time on your trip!

● trans portation

07. 지하철은 편리합니다!

1 가까운 지하철역은 어디입니까?

2 몇 번 출구입니까?

3 승차권 판매기는 어디에 있습니까?

4 환승역은 어디입니까?

5 어디에서 갈아탑니까?

6 몇 호선을 타야 합니까?

7 마지막 차는 몇 시입니까?

Have a nice trip!

07. 지하철노선표를 이용하자!

| 시내에서 이동할 때 가장 유용한 수단은 단연 지하철입니다. 지하철노선표를 잘 이용하면 시간과 경제적으로 효과적인 관광이 가능합니다. |

transportation

1. What is the nearest subway station?
왓츠 더 니어리스트 썹웨이 스테이션?

2. Which exit should I take?
위치 엑씻 슈다이 테익?

3. Where is a vending machine for ticket?
웨얼즈 어 벤딩머쉰 풔 티켓?

4. At what station, do I transfer?
엣 왓 스테이션, 두 아이 트랜스퍼?

5. Where do I transfer?
웨어ㄹ 두 아이 트랜스퍼?

6. Which line should I take?
위치 라인 슈다이 테익?

7. When is the last train?
웬즈 더 래스 트레인?

▲ Trans. 교통수단

World + English + Trip

Have an exciting time on your trip!

08. 장거리 버스여행의 낭만!

1. 장거리 버스는 어디에서 탑니까?

2. 버스터미널은 어디입니까?

3. 유로라인 패스 주세요.

4. 15일 권으로 주세요.

5. 학생용 패스를 원합니다.

6. 이 패스로 탈 수 있습니까?

7. 패스를 환불해 주세요.

Have a nice trip!

08. 장거리 버스여행은 어떻게?
| 패스를 구매하면 좋습니다. 미주, 유럽지역의 장거리 버스 여행 패스는 국내 여행사에서 대부분 판매 대행하고 있으며, 현지보다 저렴합니다. |

1. **Where should I take a long-distance bus?**
   웨어ㄹ 슈다이 테이커 롱디스턴스 버스?

2. **Where is the bus terminal?**
   웨얼즈 더 버스 터미널?

3. **Can I purchase a Euroline pass?**
   캐나이 풔췌이서 유러라인 패스?

4. **For fifteen days.**
   풔 핍틴 데이즈.

5. **I'd like a pass for students.**
   아이드 라이커 패스 풔 스튜던츠.

6. **Can I use this pass?**
   캐나이 유즈 디스 패스?

7. **I'd like to refund this pass.**
   아이드 라익투 리펀 디스 패스.

▶ Trans.

World + English + Trip

● trans portation

Have an exciting time on your trip!

09. 즐거운 시내 관광 버스!

1 시티투어는 얼마입니까?

2 어디에서 승차합니까?

3 시티투어는 몇 시간 걸립니까?

4 어디에 하차시켜 줍니까?

5 2층 좌석을 원합니다.

6 몇 분마다 있습니까?

7 다음 정류장에 내려 주세요.

Have a nice trip!

09. 시내버스가 좋다!
| 시내 관광은 단연 시내버스나 시내 관광버스가 좋습니다. 도시의 야경을 만끽할 수 있는 나이트 시티 투어도 '강력추천' 입니다! |

1 How much is the city tour bus?
하우 머취 이즈 더 시티 투어 버스?

2 Where can I get on the bus?
웨어ㄹ 캐나이 겟 온 더 버스?

3 How long does the city tour take?
하우 롱 더즈 더 시티 투어 테익?

4 Where can I get off?
웨어ㄹ 캐나이 게러프?

5 I'd like a seat on a second floor.
아이드 라이커 씻 오너 쎄컨 플로어.

6 How often does the bus run?
하우 오픈 더즈 더 버스 런?

7 I'd like to get off at next stop.
아이드 라익투 게러프 엣 넥스트 스탑.

▶ Trans.

World + English + Trip

Have an exciting time on your trip!

10. 택시는 편합니다!

● trans portation

1 택시를 불러주세요.

2 공항까지 얼마입니까?

3 이 주소로 가주십시오.

4 얼마입니까?

5 나머지는 팁입니다.

6 급합니다.

7 빨리 갈 수 있을까요?

World + English + Trip

Have a nice trip!

10. 택시, 비쌉니다.
짐이 많을 경우 추가요금을 요구하기도 하고, 시간대별로 할증요금을 청구하기도 합니다. 팁은 요금의 약 10~15%입니다.

1 Can you get me a cab (taxi)?
캔유 겟미어 캡 (택시)?

2 How much is it for the airport?
하우 머취 이즈 잇 풔 디 에어포트?

3 Please take me to this address.
플리즈 테익미 투 디스 어드레스.

4 How much is it?
하우 머취 이즈 잇?

5 Keep the change.
킵 더 췌인지.

6 I'm in a hurry.
아임 인 어 허리.

7 Please step on it.
플리즈 스텝 온잇.

World + English + Trip

Have an exciting time on your trip!

11. 렌터카는 어떠세요?

trans portation

1. 렌터카를 예약하고 싶습니다.

2. 렌터카는 어디에서 빌립니까?

3. 차를 빌리고 싶습니다.

4. 오토매틱(스틱)을 원합니다.

5. 소형차(중형차)를 원합니다.

6. 차를 어디에 반납해야 합니까?

7. 사고 시 우리에게 알려주십시오.

World + English + Trip

0110

Have a nice trip!

11. 렌트할 때 필요한 것들!
렌트 차량을 인도 받으려면 '여권, 국제면허증, 신용카드'가 필요합니다. 출발 전 국내에서 사전예약을 하고 인도 받는 것이 경제적입니다.

1 I'd like to book a rental car.
아이드 라익투 부커 렌탈카.

2 Where can I rent a car?
웨어ㄹ 캐나이 렌트 어 카?

3 I'd like to rent a car.
아이드 라익투 렌트 어 카.

4 I'd like an automatic (a manual) car.
아이드 라이 컨 오토매틱 (커 매뉴얼) 카.

5 I'd like a compact (mid-size) car.
아이드 라이커 컴팩 (미드 사이즈) 카.

6 Where can I return this car?
웨어ㄹ 캐나이 리턴 디스 카?

7 When you have a car accident, please let us know.
웬 유 해버 카 액시던트, 플리즈 렛 어스 노우.

▲ Trans.

World + English + Trip

Have an exciting time on your trip!

● trans portation

12. 자동차 관련 문제 상황!

1. 문제가 생겼습니다. 도와주세요.

2. 차가 멈췄습니다.

3. 기름이 떨어졌습니다.

4. 펑크가 났습니다.

5. 정비사를 불러주세요.

6. 주유소는 어디에 있습니까?

7. 기름을 채워주세요.

Have a nice trip!

12. 자동차가 말썽을?

혹시 심각한 사고를 당했다면 먼저 렌터카 회사에 알려야 합니다. 때문에 회사나 긴급 연락처를 가까운 곳에 기록해 두는 것이 좋습니다.

1 I have a problem. Please help me.
아이 해버 프라블름. 플리즈 헬프미.

2 My car broke down.
마이 카 브로크 다운.

3 We are running out of gas.
위 아 러닝 아웃 어브 개스.

4 I have a flat tire.
아이 해버 플랫 타이어.

5 Can I get a mechanic?
캐나이 게러 미캐닉?

6 Where is the gas station?
웨얼즈 더 개스 스테이션?

7 Fill it up, please.
퓌리럽, 플리즈.

▶ Trans. 교통수단

World + English + Trip

13. 선박여행, 우아해요!

● trans portation

Have an exciting time on your trip!

1 어디에서 승선합니까?

2 언제 출항합니까?

3 갑판좌석을 예약하고 싶습니다.

4 매점(의무실)은 어디입니까?

5 뱃멀미가 납니다.

6 의사를 불러 주세요.

7 하선은 언제쯤입니까?

Have a nice trip!

13. 선박여행의 여유!
초호화 여객선을 이용한 '크루즈'는 선박여행의 꽃이라고 할 수 있습니다. 예약은 필수이며, 가장 좋은 좌석은 갑판 위쪽 중앙부로 바다 쪽 창가입니다.

1 **Where do I get on a boat?**
웨어ㄹ 두아이 게로너 보우트?

2 **When will the boat leave?**
웬 윌 더 보우트 리브?

3 **I'd like to reserve a seat on a deck cabin.**
아이드 라익투 리저브 어 씻 오너 덱 캐빈.

4 **Where is the snack bar (infirmary)?**
웨얼즈 더 스낵바 (인퍼머리)?

5 **I have a seasickness.**
아이 해버 씨씩크니스.

6 **I need a doctor.**
아이 니더 닥터.

7 **When do I get off the boat?**
웬 두 아이 게러프 더 보우트?

World + English + Trip

Yes, you got it!

이런 단어면 상황 끝이야!

기차여행! 이런 단어가 필요해요!

역	station 스테이션	자유석	non-reserved seat 난 리저브드 씻
중앙역	central station 센트럴 스테이션	보통열차	local train 로컬 트레인
역무원	station attendant 스테이션 어텐던트	급행열차	express train 익스프레스 트레인
매표소	ticket office 티켓 어피스	특급열차	express train 익스프레스 트레인
예약	reservation 레져베이션	침대차	sleeping car 슬리핑 카
철도패스	rail pass 레일 패스	위칸	upper berth 어퍼 버ㄹ스
편도	one way 원 웨이	아래칸	lower berth 로우어 버ㄹ스
왕복	round trip 라운드 트립	식당차	dining car 다이닝 카
1등석	first class 풔스트 클래스	도중하차	stopover 스탑오버
2등석	second class 세컨 클래스		
지정석	reserved seat 리저브드 씻		

지하철! 이런 단어가 필요해요!

World + English + Trip 0116

지하철	subway
	썹웨이
출구	exit
	엑씻
입구	entrance
	엔트란스
자동판매기	vending machine
	벤딩 머쉰
노선도	subway map
	썹웨이 맵
시간표	timetable
	타임테이블
첫차	first train
	풔스트 트레인
마지막차	last train
	래스 트래인
1일권	one-day pass
	원 데이 패스
정기권	fare card
	풰어 카드
회수권	coupon ticket
	큐펀 티켓
개찰구	ticket gate
	티켓 게이트
플랫폼	platform
	플랫펌
환승	transfer
	트랜스퍼
환승역	junction
	정션

목적지	destination
	데스티네이션
노선	route
	루트
출발역	starting station
	스타팅 스테이션
종착역	terminal station
	터미널 스테이션
코인로커	coin locker
	코인 라커

버스, 선박
이런 단어가 필요해요!

버스터미널	bus terminal
	버스 터미널
버스	bus
	버스
운전기사	bus driver
	버스 드라이버
장거리버스	long distance bus
	롱 디스턴스 버스
시내버스	local bus
	로컬 버스

World + English + Trip

Trip Dictionary

관광버스	tour bus 투어 버스
정류장	stop 스탑
시티투어	city tour 시티 투어
일시정차	stopover 스탑오버
2층버스	double-decker 더블 덱커
여객선	cruiser 크루져
페리	ferry 훼리
항구	port 포트
출항지	outport 아웃포트
기항지	port of call 포터브 콜
승선권	ticket 티켓
선실	cabin 캐빈
갑판	deck 덱
구명조끼	life jacket 라이프 재킷
구명보트	life raft 라이프 래프트

택시, 렌트 이런 단어가 필요해요!

택시	taxi (cab) 택시 (캡)
택시승차장	taxi stop 택시 스탑
택시기사	taxi driver 택시 드라이버
택시요금	fare 훼어
기본요금	basic rate 베이직 레잇
팁	tip 팁
할증요금	extra charge 엑스트라 차지
거스름돈	change 췌인지
렌터카	rental car 렌털카
면허증	driver's license 드라이버스 라이센스
국제면허증	international driver's license 인터네셔널 드라이버스 라이센스
신분증	ID card 아이디 카드

transportation

보험	insurance
	인슈어런스
보증금	deposit
	디파짓
렌트비	rental fee
	렌탈퓌
안전벨트	seatbelt
	씻벨트
일방통행	one-way
	원웨이
추월금지	no passing
	노우 패싱
고장	breakdown
	브레익다운
사고	accident
	액시던트

0119

Trip Dictionary
Yes, you got it!
World + English + Trip

| 로스앤젤레스 |
Los Angeles

미국을 대표하는 꿈과 낭만의 도시!

미국 제2의 도시 로스앤젤레스는 크게 세 곳으로 나누어 관광할 수 있다. ❶ 다운타운, ❷ 헐리우드, ❸ 테마파크. 먼저 첫번째 다운타운의 주요 관광지는 시내 순환 버스인 **DASH BUS**를 이용하면 편리하다. LA에 도착해 유니온 역에 내리면 바로 탈 수 있다.

다운타운 Downtown

시빅 센터 Civic Center (DASH-D, City Hall)는 행정 관청 밀집지역을 말하며, 시청 건물에는 전망대가 있다.

로스앤젤레스 핫 스폿

뮤직 센터 Music Center (DASH-B, Music Center)는 LA의 대표적인 공연예술 공간으로 그 유명한 LA필하모니의 본거지이며, 아카데미 시상식이 개최되는 장소이다.

스테이플스 센터 Staples Center (DASH-A/F, Staples Center)는 LA의 새로운 명소로 공연과 스포츠를 함께 즐길 수 있는 다목적 문화 공간이다.

남캘리포니아 대학 University of Southern California (DASH-C, University of Southern California)는 영화에 자주 등장하는 유서 깊은 대학으로 UCLA와 함께 손꼽히는 명문 사립대학이다.

캘리포니아 사이언스 센터 California Science Center (DASH-F)는 다양한 주제별로 전시관과 박물관, 그리고 IMAX 영화관까지 구비하고 있다.

자연사 박물관 Natural History Museum of LA County (DASH-F)는 공룡시대, 서부개척시대 등 흥미로운 주제별로 엄청난 소장품을 자랑하는 매우 흥미로운 박물관이다.

Natural History Museum of LA County

Los Angeles

환상으로의 여행, 헐리우드!

LA가 가장 사랑 받는 이유는 단연 헐리우드 때문일 것이다. 헐리우드를 만끽할 수 있는 핫스폿을 찾아본다!

헐리우드 HOLLYWOOD

gajaGO ▶ 메트로 레드라인을 타고 HOLLYWOOD Highland 역 하차

스타의 거리 Walk of Fame 약 5km의 거리에 장식된 유명 연예인의 스타마크가 시간 가는 줄 모르게 만든다. **맨스 차이니스 극장 Mann's Chines Theatre** 헐리우드 스타들의 손도장, 발도장으로 장식된 중국풍의 화려한 극장. **파라마운트 영화사 Paramount Pictures** 헐리우드의 메이저 영화사 중 하나! 가이드의 안내를 받으며 스튜디오 내부도 관람할 수 있다.

LA
Hot Spot
gajaGO

HOLLYWOOD

비버리힐스 Beverly Hills

gajaGO ▶ 메트로 레드라인을 이용하거나, MTA 4/14번 버스를 타면 된다.

비버리힐스 투어 버스를 이용해 유명 스타들의 저택을 돌아 볼 수 있다. **로데오 드라이브 Rodeo Drive** 영화 '프리티 우먼'으로 유명한 비버리힐스의 럭셔리 쇼핑가. 세계 초호화 명품 브랜드 샵이 모조리 이곳에 있다. **센추리 시티 Century City** 20세기 폭스 사, ABC TV의 스튜디오들, 미래형 빌딩과 쇼핑 센터가 밀집된 작은 계획도시!

테마파크 천국!

유니버설 스튜디오 Universal Studio Hollywood
▶ 메트로 레드라인 Universal City 역.

디즈니랜드 Disney Land LA
▶ 다운타운에서 MTA 버스 460번 이용.

너츠 베리 팜 Knott's Berry Farm
▶ 다운타운에서 MTA 버스 460번 이용.

식스 플래그스 매직 마운틴 Six Flags Magic Mountain ▶ 투어 버스를 이용하거나, 렌터카를 이용해 가는 것이 좋다.

제4장!
편안한 잠자리!
숙박시설!

성공적인 여행을 위한 매뉴얼이거든!

❶ 미국의 숙박시설!

호텔 : 호텔 요금은 객실료와 식사비가 포함된 **MAP**와 객실료만 받고 식사는 제공하지 않는 **EP**로 나뉘는데 미국의 경우에는 대부분의 호텔이 EP를 채택하고 있으므로 예약 시 참고하도록 한다. 이용 요금은 호텔의 급에 따라 다양하며 숙박요금에 **6~12%의 세금이 가산**된다. 또한 예약을 했더라도 6시 이전에 체크인을 하지 않으면 예약이 취소되므로 늦게 도착할 경우에는 미리 전화로 예약 확인을 하도록 한다.

유스호스텔 : 미국 전역에 200여개의 유스호스텔이 있으며 가족단위로도 이용이 가능하다. **체크인과 체크아웃 시간 외에도 접수가 가능**하나 대도시의 경우에는 일찍 마감될 수 있어서 가능한 빨리 접수하는 것이 좋다.

YMCA, YWCA : 유스호스텔에 비해 **시내 중심가에 위치**하나 시설이나 서비스가 떨어진다.

B&B : 개인이 운영하는 숙소로서 **미국 보통 가정의 분위기**를 느낄 수 있다. 주로 중심가 보다는 교외에 많이 위치하며 **아침식사가 제공**된다.

모텔 : 도시의 외곽지역에 위치하며 호텔에 비해 요금이 저렴하다. **선불로 요금을 지불**하며 **6~12%의 세금이 가산**된다.

❷ 영국의 숙박시설!

호텔 : 세계적으로 유명한 체인호텔에서 저렴한 호텔까지 다양한 종류의 호텔이 많이 있다. 전화나 팩스, 인터넷을 통하여 **국내에서 예약이 가능**하며 **현지에서는 관광안내소**에서 호텔에 대한 **다양한 정보를 얻을 수 있다.**

유스호스텔 : 4~12인실의 **도미토리가 대부분**이며, 기본적으로 **시트와 아침식사를 제공**하고 취사시설과 TV룸, 세탁실, 샤워실, 휴게실, 개인라커 등의 **부대시설**이 갖추어져 있다. 체크인과 체크아웃 시간을 준수해야 하며, 체크인 시간에 체크인을 하지 않으면 예약이 취소되므로 주의하도록 한다. 국제연맹에 속한 유스호스텔은 한국 유스호스텔 연맹이나 국가별 유스호스텔 홈페이지에서 여행 전 미리 예약할 수 있다.

B&B : 호텔에 비해 저렴하면서도 집에서와 같은 편안한 분위기를 느낄 수 있는 숙박 형태이다. 영국식 아침식사를 제공하며 **대부분이 가정집이므로 숙박요금은 현금으로 받는다.**

한국인 민박 : 현지의 교민으로부터 **생생한 여행정보**를 얻을 수 있으며 **한식 아침식사가 제공**된다. 도미토리가 대부분이며 샤워실과 화장실은 공동으로 사용한다.

❸ 호주의 숙박시설!

호텔 : 현대적인 시설의 호텔과 영국 식민지 때의 영국식 스타일 호텔이 있다. 영국식 스타일의 호텔은 1층은 펍, 2층은 숙소로서 체크인과 체크아웃을 1층 펍에서 한다.

유스호스텔 : 도심에서는 좀 떨어져 있으나 요금이 저렴하고 여성 여행객도 안전하게 이용할 수 있다는 장점이 있다. **유스호스텔 회원에게는 요금이 할인**되며 이용객이 많아서 시드니와 같은 대도시의 유스호스텔에서는 3~7일로 1회의 숙박기간이 제한되기도 한다.

백패커 : 백패커는 유스호스텔과 유사한 숙박형태로서 **요금**이 좀 더 **저렴**하고 **위치**도 **시내 중심**에 있으나 시설면에서는 좀 떨어진다. 주로 기차역이나 버스터미널에 백패커에서 나온 픽업 차량이 대기하고 있으므로 현지에서도 쉽게 숙소를 고를 수 있다. **VIP 카드**를 만들어 회원가입을 하면 VIP 연맹 숙소에 한해 **숙박비 할인**이 된다. 체크인 때 **예치금을 받으며**(한 사람 당 10불 정도) **체크아웃 시 되돌려 준다.**

팜스테이 : 농가에 머물면서 농장의 프로그램에 참가하고 숙식을 제공받는 민박 형태이다. 농장마다 프로그램이 다양하므로 미리 확인하도록 한다.

대학 기숙사 : 11~2월, 7월의 **대학 방학 기간에 이용**할 수 있으며 시설도 좋고 요금이 저렴하다. 예약을 해야만 이용할 수 있다.

B&B : 말 그대로(Bed & Breakfast) 잠자리와 아침 식사가 제공되며 현지의 가정집 분위기를 그대로 느낄 수 있다.

❹ 호텔 시설 제대로 이용하기!

체크인과 체크아웃 : 체크인(13:00 이후)과 체크아웃(12:00 이전) 시간을 준수한다.

객실열쇠 : 호텔 방은 문이 닫히면 자동으로 잠기게 되어 있으므로 열쇠를 방안에 두고 나가지 않도록 주의한다.

TV 전화 : 그 나라의 방송채널인 무료 채널과 성인 영화 등의 유료채널이 있으므로 객실 내에 비치된 프로그램 안내서를 참고한다. 객실 전화는 공중 전화보다 이용료가 비싸므로 가급적이면 공중전화를 이용하도록 한다.

룸서비스와 미니바 : 객실 내에서 차나 식사를 할 때 이용하는 룸서비스의 경우 레스토랑의 가격보다 10-12% 정도 비싸다. 객실 내의 냉장고나 미니 바에 있는 음료와 술은 유료이며 호텔에 따라서는 꺼내기만 해도 가격이 체크되므로 주의한다.

욕실이용 : 호텔 욕실에는 배수구가 없는 경우가 대부분이므로 샤워 시에는 샤워 커튼을 욕조 안으로 넣고 샤워를 해야 한다.

객실 메이크업 서비스 : 하루에 한 번 룸메이드가 청소를 하는데 업무나 기타의 이유로 방해받고 싶지 않다면 객실 문밖에 DD (DO NOT DISTURB) 카드를 걸어놓으면 된다.

의류의 세탁 : 객실에 비치되어 있는 세탁 주문서에 필요사항을 기입하고 세탁용 비닐 주머니에 세탁물을 넣어 둔다.

부대시설 : 헬스클럽, 사우나, 수영장, 미용실, 테니스장, 조깅코스, 골프연습장 등의 부대시설을 무료(또는 할인)로 이용할 수 있다.

상황을 즐겨라!
중요표현 3종세트!

여행 중에 반드시 만나는 상황이 있습니다.
아울러 이런 상황에 꼭 필요한 표현들이 있고요.
피할 수 없는 대화라면 여러분이 먼저 선수를 치십시오.
그래서 준비했습니다. 상황종료를 위한 '중요표현 3종 Set'.
자! 이제부터 상황을 즐겨주십시오!

호텔에서 꼭 쓰는 중요표현 3종 세트!

B : Hello. I'd like to check-in.
헬로우 아이드 라익 투 췌킨.
안녕하세요. 체크인 하겠습니다.

B : I have a reservation.
아이 헤버 레저베이션.
예약을 했습니다.

B : Do you have a room for tonight?
두 유 헤버 룸 풔 투나잇?
오늘 밤 방 하나 있습니까?

A : Yes, we have.
예스 위 해브.
네, 있습니다.

B : I'd like to check-out.
아이드 라익 투 체카웃.
체크아웃 하겠습니다.

❶ 먼저 호텔 프론트로 갑니다. 예약증을 제시하십시오. ❷ 예약을 못하여, 혹시 빈방이 없을 경우, 근처의 다른 호텔로 방을 구해달라고 하십시오. 부탁에 친절하게 응할 것입니다.

Have an exciting time on your trip!

01. 숙소를 찾아서!

1 근처에 호텔이 있습니까?

2 괜찮은 숙소를 찾고 있습니다.

3 값이 싼 모텔이 있나요?

4 여기에 유스호스텔이 있습니까?

5 호텔까지 멉니까?

6 걸어서 갈 수 있습니까?

7 죄송하지만, 안내 좀 부탁드릴까요?

Have a nice trip!

01. 편안한 숙소!

긴 여정을 위해선 피로를 풀 수 있는 쾌적하고 안전한 숙소가 필수입니다. 좋은 숙소를 미리 정해 두면 낯선 곳에 대한 두려움도 해결할 수 있습니다.

1. **Is there any hotel nearby?**
   이즈 데어ㄹ 애니 호텔 니어바이?

2. **I'm looking for a fine accommodation.**
   아임 루킹 퍼러 파인 어커머데이션.

3. **Is there a cheap motel?**
   이즈 데어러 췹 모텔?

4. **Is there a youth hostel?**
   이즈 데어러 유스호스텔?

5. **Is it far from here to the hotel?**
   이즈 잇 파 프럼 히어ㄹ 투 더 호텔?

6. **Can I walk there?**
   캐나이 웍 데어ㄹ?

7. **I'm sorry, but could you show me the way?**
   아임 쏘리 벗 쿠쥬 쇼우미 더 웨이?

▲ Hotel

World + English + Trip

02. 호텔의 예약과 체크인!

1 프론트 데스크는 어디입니까?

2 빈 방 있습니까?

3 예약은 하지 않았습니다.

4 예약 번호, 여기 있습니다.

5 방값은 얼마입니까?

6 3박 하겠습니다.

7 아침식사 포함입니까?

Have a nice trip!

02. 호텔 체크인!
| 호텔 체크인 때에는 바우처(확인증)나 여권이 필요하며, 미예약자의 경우 결제 방법을 물어보거나, 보증금을 요구하기도 합니다. |

1. **Where is the front desk?**
   웨얼즈 더 프런트 데스크?

2. **Is there a room for tonight?**
   이즈 데어러 룸 풔 투나잇?

3. **I don't have a reservation.**
   아이 돈 해버 레져베이션.

4. **Here is a reservation number.**
   히얼즈 어 레져베이션 넘버.

5. **What is the rate for a night?**
   왓츠 더 레이트 풔러 나잇?

6. **I'll stay for three nights.**
   아윌 스테이 풔 쓰리 나이츠.

7. **Is breakfast included in the rate?**
   이즈 브랙풔스트 인크루디드 인더레잇?

World + English + Trip

▲ Hotel

Have an exciting time on your trip!

03. 어떤 객실을 원하세요?

1 체크인 하겠습니다.

2 싱글룸 주세요.

3 침대를 추가할 수 있나요?

4 전망 좋은 방 주세요.

5 조용한 방으로 주세요.

6 방을 구경해도 될까요?

7 이 방으로 하겠습니다.

World + English + Trip

Have a nice trip!

03. 객실의 종류!
싱글룸(1인실), 더블룸(2인실) 등이 있으며, 추가침대(extra bed)를 요구할 수 있습니다. 모텔, 유스호스텔의 경우 공동세면장, 공동취사장을 이용하기도 합니다.

1 I'd like to check in.
아이드 라익투 췌킨.

2 I'd like a single room.
아이드 라이커 싱글룸.

3 Can I have a extra bed?
캐나이 해버 엑스트라 베드?

4 I'd like a room with a view.
아이드 라이커 룸 위더 뷰.

5 I'd like a quiet room.
아이드 라이커 콰이엇 룸.

6 Can I see the room?
캐나이 씨 더 룸?

7 I'll take this room.
아윌 테익 디스 룸.

World + English + Trip

▶ Hotel

Have an exciting time on your trip!

04. 숙박부를 써주세요!

1. 숙박부를 기록해 주십시오.

2. 어디를 씁니까?

3. 이렇게 하면 됩니까?

4. 다 썼습니다. 여기 있습니다.

5. 이제 됐습니까?

6. 네. 이것은 당신의 방 열쇠입니다.

7. 짐을 방까지 옮겨주세요.

Have a nice trip!

04. 숙박신고서를 쓸 때는요!
| 데스크 직원은 여러분께 숙박부를 주며, 이름(name), 주소(address), 직업(occupation), 국적(nationality), 여권번호(passport number)의 기재를 요구합니다. |

1 Please fill out the check-in slip.
플리즈 필 아웃 더 췌킨 슬립.

2 Where do I need to fill out?
웨어ㄹ 두아이 니투 필 아웃?

3 Is it OK?
이즈 잇 오우케이?

4 I'm done. Here it is.
아임 던. 히어ㄹ 잇 이즈.

5 Is everything OK now?
이즈 애브리씽 오우케이 나우?

6 Yes, here is your room key.
예스, 히얼즈 유어ㄹ 룸 키.

7 I need a help with my bags.
아이 니더 헬프 위드 마이 백스.

World + English + Trip

▲ Hotel

Have an exciting time on your trip!

05. 객실을 둘러보세요!

1 지금 곧 방을 사용할 수 있습니까?

2 방이 마음에 듭니다.

3 해변 쪽 방이면 좋겠습니다.

4 좀 더 조용한 방은 없습니까?

5 방이 마음에 들지 않습니다.

6 다른 방으로 바꿔주십시오.

7 비상구는 어디입니까?

Have a nice trip!

05. 객실 확인하기!
| 객실로 가면 먼저 비품이나 작동여부를 확인하시고, 혹시 파손된 것이 있다면 곧바로 문제 제기를 하십시오. 손실에 대한 책임을 묻는 경우도 있습니다. |

1 Can I use the room right now?
캐나이 유즈 더 룸 롸잇 나우?

2 I love this room.
아이 러브 디스 룸.

3 I'd like a room with ocean view.
아이드 라이커 룸 위드 오션 뷰.

4 Is there a more quiet room?
이즈 데어러 모어 콰이어트 룸?

5 I don't like this room.
아이 돈 라익 디스 룸.

6 Can I change the room?
캐나이 췌인지 더 룸?

7 Where is an exit?
웨얼즈 언 엑싯?

▲ Hotel

World + English + Trip

06. 룸서비스를 부르세요!

1. 705호실입니다.

2. 냉방장치가 작동하지 않습니다.

3. 방이 춥습니다.

4. 변기가 고장났습니다.

5. 온수가 안 나옵니다.

6. 7시에 모닝콜 부탁합니다.

7. 잠시 방문해 주시겠습니까?

Have a nice trip!

06. 룸서비스의 이용!

룸서비스는 객실전화 수화기를 들고 0번을 누르면 됩니다. 객실번호와 이름을 말한 후 요구사항을 간단히 말하거나, 방문을 요청할 수 있습니다.

1 This is room number 705.
디씨즈 룸 넘버 쎄븐 오 파이브.

2 The air-conditioner doesn't work.
디 에어 컨디셔너 더즌 웍.

3 It is cold here.
잇이즈 코울드 히어ㄹ.

4 The toilet doesn't work.
더 투왈렛 더즌 웍.

5 The hot water isn't running.
더 핫 워러 이즌 러닝.

6 I'd like a wake-up call at 7.
아이드 라이커 웨이컵 콜 엣 쎄븐.

7 Could you have somebody come to my room?
쿠쥬 해브 썸바디 컴 투 마이 룸?

World + English + Trip

▲ Hotel

07. 호텔시설을 이용하세요!

Have an exciting time on your trip!

1 호텔에 베이커리가 있습니까?

2 매점은 어디에 있습니까?

3 수영장을 이용해도 됩니까?

4 사우나 이용 때 할인됩니까?

5 헬스장 이용료는 얼마입니까?

6 세탁물이 있습니다.

7 국제전화 부스는 어디에 있습니까?

Have a nice trip!

07. 호텔에는 어떤 시설이 있나요?
호텔의 종류에 따라 다르지만 아케이드(상가), 헬스, 사우나, 수영장, 이미용실, 환전소, 여행안내소 등의 시설이 있습니다. 투숙객은 이용 시 할인이 됩니다.

1. Is there a bakery in this hotel?
이즈 데어러 베이커리 인 디스 호텔?

2. Where is a snack bar?
웨얼즈 어 스낵 바?

3. Can I use a pool?
캐나이 유져 풀?

4. Can I get a discount on Sauna?
캐나이 게러 디스캬운트 온 서우너?

5. What's the rate for gym?
왓츠 더 레잇 풔 쥠?

6. There is laundary.
데얼즈 런더리.

7. Where can I use an international call?
웨어ㄹ 캐나이 유즈 언 인터네셔널 콜?

World + English + Trip

▲ Hotel

08. 호텔에서의 아침식사

1 식당은 몇 층입니까?

2 아침식사를 객실로 가져다주세요.

3 스크램블 에그와 커피, 부탁합니다.

4 따뜻한 우유 한 잔 부탁합니다.

5 아침식사는 어떤 식으로 나옵니까?

6 미국식(유럽식)입니다.

7 주문한 식사가 아직 안 왔습니다.

Have a nice trip!

08. 아침식사는 든든하게!

호텔의 아침식사는 일반적으로 뷔페식 또는 미국식 (또는 유럽식)으로 되어 있습니다. 미국식은 햄, 베이컨, 소시지, 빵, 커피 또는 주스로 되어 있습니다.

1. **On which floor is there a restaurant?**
   온 위치 플로어 이즈 데어러 레스토랑?

2. **Please send breakfast up my room.**
   플리즈 센드 브랙풔스트 업 마이룸.

3. **Scrambled egg and coffee, please.**
   스크램블드 에크 앤 커퓌, 플리즈.

4. **Hot milk, please.**
   핫 밀크, 플리즈.

5. **What is the breakfast like?**
   왓츠 더 브랙풔스트 라익?

6. **It is an American (European) style.**
   잇츠 언 어메리칸 (유러피안) 스타일.

7. **I couldn't get a dish I ordered.**
   아이 쿠든 게러 디쉬 아이 오덜드.

World + English + Trip

▶ Hotel

Have an exciting time on your trip!

09. 체크아웃 하겠습니다.

1 체크아웃은 몇 시까지죠?

2 체크아웃 하겠습니다.

3 전부 얼마인가요?

4 세금, 봉사료 포함인가요?

5 현금으로 하겠습니다.

6 신용카드로 하겠습니다.

7 여행자수표로 내도 될까요?

Have a nice trip!

09. 체크아웃 노하우!

| 체크아웃은 보통 정오를 기준으로 하지만 오후 1시까지 연장이 가능한 곳도 있고, 일정 시간을 넘길 경우 숙박비의 몇 퍼센트를 추가로 청구합니다. |

1. When is the check-out time?
웬 이즈 더 췌카웃 타임?

2. I'd like to check out.
아이드 라익 투 췌카웃.

3. How much is it in total?
하우 머취 이즈 잇 인 토탈?

4. Is tax and service charge included?
이즈 택스 앤 서비스 차지 인클루디드?

5. I'll pay in cash.
아윌 패이 인 캐쉬.

6. I'll pay by credit card.
아윌 패이 바이 크레딧 카드.

7. Can I pay by traveler's check?
캐나이 패이 바이 트래블러스첵?

▲ Hotel 호텔 숙소

World + English + Trip

10. 호텔에서의 여행안내

Have an exciting time on your trip!

1. 공항까지 가는 방법을 알려주세요.

2. 관광버스 티켓을 구입하고 싶습니다.

3. 열차의 좌석을 예약할 수 있습니까?

4. 시내지도를 주실 수 있으세요?

5. 택시로 공항까지 얼마입니까?

6. 택시를 불러주십시오.

7. 짐을 옮겨 주세요.

Have a nice trip!

10. 호텔에서 얻는 관광정보!
| 호텔에서 여행정보를 얻거나 기타 여러 가지 예약을 부탁할 수 있습니다. 우편 및 팩스 서비스를 이용해 예약의 확인도 대행해 줍니다. |

1 How can I get to the airport?
하우 캐나이 겟 투 디 에어포트?

2 I'd like to buy a tourist bus ticket.
아이드 라익투 바이어 투어리스트 버스 티킷.

3 Can I reserve a seat on a train?
캐나이 리저브 어 씻 오너 트레인?

4 Can I have a city map?
캐나이 해버 씨리맵?

5 How much is it to the airport by taxi?
하우 머춰 이즈 잇 투 디 에어포트 바이 택시?

6 Could you get me a cab (taxi)?
쿠쥬 겟 미 어 캡 (택시)?

7 I need a help with my bags, please.
아이 니더 헬프 위드 마이 백스, 플리즈.

World + English + Trip

▲ Hotel

Yes, you got it!

이런 단어면 상황 끝이야!

체크인! 이런 단어가 필요해요!

호텔	hotel 호텔	추가침대	extra bed 엑스트라 베드
체크인	check-in 췌킨	객실열쇠	room key 룸 키
체크아웃	check-out 췌카웃	조용한 방	quiet room 콰이엇 룸
프론트	front 프런트	전망좋은방	room with a view 룸 위더 뷰
숙박부	check-in slip 췌킨 슬립	큰방	spacious room 스패이셔스 룸
객실	room 룸	포터	porter 포러
1인실	single room 싱글룸	안내	guide 가이드
2인실	double room 더블룸	팁	tip 팁
트윈룸	twin room 트윈룸		
3인실	delux room 디럭스 룸		
스위트룸	suite room 스윗룸		

룸서비스! 이런 단어가 필요해요!

World + English + Trip

룸서비스	room service 룸 서비스			
객실번호	room number 룸 넘버			
모닝콜	wake-up call 웨이컵 콜		진통제	pain killer 패인 킬러
화장실	bathroom 배스룸		소화제	digestion 다이제스천
냉방장치	air-conditioner 에어 컨디셔너		세탁물	laundry 런더리
히터	hitter 히터		교환	operator 오퍼레이터
더운물	hot water 핫 워러		국제전화	international call 인터네셔널 콜
찬물	cold water 코울드 워러			
비누	soap 소웁			
수건	towel 타월		**호텔식사** **이런 단어가 필요해요!**	
목욕가운	bath towel 배스 타월			
드라이	dryer 드라이어		식당	restaurant 레스토랑
컵	cup 컵		조식	breakfast 브랙풔스트
휴지	toilet paper 투왈렛 페이퍼		뷔페	buffet 뷔페
비상약	first-aid 퍼스트 애드		식권	meal ticket 밀 티켓

World + English + Trip

Trip Dictionary

객실번호	room number 룸 넘버
커피	coffee 커피
홍차	red tea 레드 티
물	water 워터
우유	milk 밀크
코코아	hot chocolate 핫 초콜릿
오렌지주스	orange juice 오린쥐 주스
콜라	coke 콕
베이컨	bacon 배이컨
스크램블	scrambled egg 스크램블드 에그
오믈렛	omelette 오믈릿
삶은 계란	boiled egg 보일드 에그
반숙	soft-boiled egg 소프트 보일드 에그
완숙	hard-boiled egg 하드 보일드 에그
빵	bread 브래드
토스트	toast 토우스트
샌드위치	sandwich 샌위치

호텔시설
이런 단어가 필요해요!

안내	information 인풔매이션
로비	lobby 롸비
커피숍	coffee shop 커퓌샵
상가	arcade 아케이드
매점	snack bar 스낵바
빵집	bakery 배이커리
연회장	ball room 볼룸
정원	garden 가든
산책로	trail 트레일
헬스장	gym 쥠

 hotel

수영장	swimming pool 스위밍 풀
미장원	hair shop 헤어샵
의무실	infirmary 인풔머리
비상구	exit 엑싯
지하실	basement 베이스먼트
엘리베이터	elevator 엘리배이러
호스텔	hostel 호스텔
관광호텔	tourist hotel 투어리스트 호텔
리조트	resort 리조트
여관	inn 인
민박	home stay 홈스테이

0153

Trip Dictionary

Yes, you got it!

World + English + Trip

제5장! 맛있는 식사!

깔끔한 여행을 위한 선교 매뉴얼이거든!

미국 음식문화의 특징

미국인들은 **전세계의 다양한 음식**을 들여와 **나름대로의 방식으로 대중화**하는 특성이 있는데 그 예로 독일의 햄버거, 이탈리아의 피자 등을 들 수 있으며, 통조림과 같은 **가공식품**을 많이 이용하는 것도 **미국 음식문화의 특징**이라고 할 수 있다.

미국인들의 일상식

기본적으로 **육류 위주의 식사**를 하고 **달고 기름진 후식**을 즐겨 먹는다.
아침식사 : 과일이나 과일주스, 커피, 토스트 등으로 간단하게 먹으며 시리얼이나 오트밀, 스크램블을 먹기도 한다.
점심식사 : 보통 핫도그, 샌드위치, 햄버거 등 간편식을 즐겨 먹는다.
저녁식사 : 아침, 점심에 비해 푸짐하게 먹는데, 수프, 생선요리, 고기요리, 샐러드, 빵, 후식, 음료를 곁들인다.

❶ 미국 음식점의 종류!

레스토랑 : 중급 이상의 레스토랑은 **예약**이 일반적이다. 특별한 경우가 아니라면 정장을 할 필요는 없지만 반바지에 운동화와 같은 너무 **캐쥬얼한 차림은 삼가**한다. 식사의 주문은 수프, 샐러드, 주요리, 후식으로 나뉘며 음식의 종류를 잘 모를 경우에는 **Today's Special**을 주문하면 비교적 저렴한 가격에 맛있는 식사를 즐길 수 있다. 음식값에 서비스 요금이 포함되지 않은 경우에는 **계산서 금액의 15% 정도의 팁**을 지불하며, 카드로 계산할 경우에는 Tip란에 금액을 적으면 된다.

커피숍 : 커피와 **음료** 외에 **간단한 식사**가 가능하다. 팬케이크, 핫도그, 햄버거, 샌드위치 등을 먹을 수 있다.

카페테리아 : 손님이 진열된 음식 중에서 먹고 싶은 요리를 골라 카운터에서 계산을 한 후 테이블에 가서 먹는 **셀프서비스** 레스토랑이다. 주로 박물관이나 미술관 같은 시설물의 식당에서 볼 수 있으며 음식마다 가격이 적혀 있으므로 부담없이 고를 수 있다.

패스트푸드점 : 맥도널드, 케이에프씨와 같은 전세계적인 체인점과 더불어 거리의 핫도그 스탠드까지 다양한 패스트푸드점을 곳곳에서 쉽게 만날 수 있다. **패스트푸드점의 대표적인 메뉴**는 **햄버거와 핫도그**로 빵 사이에 넣는 내용물과 소스에 따라 다양한 종류가 있다. 메뉴판을 보고 카운터에서 직접 주문을 하며 상점에서 먹으려면 **Here**, 포장을 하려면 **To go**라고 하면 된다.

델리카트슨 : 델리카트슨(프랑스어로 '맛있는 것')은 보통 '델리'라고 줄여서 부르는데, **햄**이나 **소시지**, **치즈**, **빵**, **아이스크림**, **음료** 등을 **판매**하며 가격은 커피숍보다 비싼 편이다.

❷ 영국인들이 즐겨 먹는 요리!

영국식 아침식사 : 영국에서는 **과일주스, 구운 토마토, 시리얼, 베이컨, 달걀, 소시지, 훈제청어, 토스트** 등 푸짐하게 아침을 먹는다. 든든한 영국식 아침식사, 여행자들에겐 추천식사이다.

로스트 비프 : 대표적인 **육류 요리**로서 쇠고기 덩어리를 구워서 기호에 따라 서양 겨자나 우스터 소스 등을 뿌려서 먹는다. 영국인들은 보통 로스트 비프를 먹을 때에 로스트 비프의 육즙을 넣어서 만든 **요크셔 푸딩을 같이 먹는다.**

피시 앤 칩스 : 영국의 대표적인 **생선 요리**이다. 대구나 명태, 가자미 같은 **흰살 생선을 튀긴 것과 감자 튀김**을 식초로 만든 검은색 소스를 뿌려 먹는다.

도버 솔 : 살짝 **구운 넙치**에 **소금과 레몬즙**을 뿌려 먹는 것으로서 쫄깃한 생선살이 일품인 요리이다.

스모크트 새먼 : **스코틀랜드의 훈제 연어 요리**로서 레몬이나 타바스코, 후추를 뿌려서 먹는다.

키드니 파이 : 쇠고기와 소의 신장을 넣어 만든 파이이다.

티 : 영국인들은 커피보다는 차를 많이 마신다. 오후 4~5시 경에 케익이나 쿠키와 함께 마시는 티타임이 있고 보통 하루에 6잔 정도의 티를 마신다. **영국인들이 주로 마시는 밀크티**를 만드는 방법은 차를 우려낸 다음 우유를 넣고 기호에 따라 설탕을 넣어 마신다.

맥주와 위스키 : 기네스, 스타우트 같은 **흑맥주**를 즐겨 마시며 영국의 **아이리쉬 위스키**와 **스카치 위스키**도 아주 유명하다.

❸ 호주인들이 즐겨 먹는 요리!

영국의 식민지였던 호주에는 영국인들이 즐겨 먹는 요리가 많이 남아 있으며 섬나라인 만큼 해산물 요리가 특히 많다.

피시 앤 칩스 : 흰살 생선과 감자를 튀긴 요리로서 생선의 종류에 따라 다양한 맛을 즐길 수 있다. 대표적인 **테이크 어웨이** (포장) 식품이다.

키드니 파이 : 쇠고기와 소의 신장, 양파를 넣어 만든 파이로서 대표적인 영국 요리이다.

미트 파이 : 같은 닭고기나 쇠고기를 넣어 만든 파이로서 **식사 대용으로도 충분하다.**

캥거루 스테이크 : 캥거루 고기로 만든 스테이크로서 쇠고기보다는 질기지만 씹는 맛이 있다.

에뮤 스테이크 : **새고기**와 **야채**를 넣어 만든 요리로서 우리나라의 닭도리탕과 비슷하다.

베지마이트 : 야채즙으로 만든 **빵에 발라먹는 스프레드**로서 호주인들이 아침식사 때에 즐겨 먹는다.

It's your turn!
Enjoy your trip!

상황을 즐겨라!
중요표현 3종세트!

여행 중에 반드시 만나는 상황이 있습니다.
아울러 이런 상황에 꼭 필요한 표현들이 있고요.
피할 수 없는 대화라면 여러분이 먼저 선수를 치십시오.
그래서 준비했습니다. 상황종료를 위한 '중요표현 3종 Set'.
자! 이제부터 상황을 즐겨주십시오!

식당, 식사 관련 중요표현 3종 세트!

B : I'd like a reservation for 2 at 7 this evening.
아이드 라이커 레저배이션 풔 투
엣 세븐 디스 이브닝.
오늘 저녁 7시 2인 예약하고 싶습니다.

World + English + Trip 0158

A : May I take your order, sir?
메이 아이 테익큐어ㄹ 오덜 써?
손님, 주문을 받아도 되겠습니까?

B : I'll have this.
아윌 햅 디스.
이것으로 하겠습니다.

B : It was so delicious.
잇 워즈 쏘 딜리셔스.
정말 맛있게 잘 먹었습니다.

❶ 음식 이름을 모르면 추천을 부탁하시고요, 메뉴나 출입구의 샘플요리를 가리켜도 주문이 가능합니다. ❷ 식사하시고 나서 인사 한마디 꼭 건네주십시오. 그러면 당신이 훨씬 멋지게 보일 것입니다.

01. 식사 어디서 할까요?

1. 가까운 식당은 어디입니까?

2. 싼 식당이 있습니까?

3. 이곳의 유명한 식당은 어디입니까?

4. 한국식당으로 갈까요?

5. 중국식당은 어디에 있나요?

6. 전통식당이 있나요?

7. 좋은 곳을 추천해 주세요.

Have a nice trip!

01. 식당을 선택하세요!
저렴하고 간편한 식사도 좋지만 지역의 전통요리나 특색 있는 음식점의 방문도 한 번쯤 생각해 보십시오. 훌륭한 '식사의 추억'이 될 것입니다.

1 Where is the nearest restaurant?
웨얼즈 더 니어리스트 레스토랑?

2 Is there a cheap restaurant?
이즈 데어러 췹 레스토랑?

3 Where is a famous restaurant?
웨얼즈 어 훼이머스 레스토랑?

4 Shall we go to the Korean restaurant?
쉘위 고우 투더 코리언 레스토랑?

5 Where is the Chinese restaurant?
웨얼즈 더 챠이니즈 레스토랑?

6 Is there any traditional restaurant?
이즈 데어ㄹ 애니 트래디셔널 레스토랑?

7 Please recommend a good restaurant.
플리즈 레커맨더 굿 레스토랑.

World + English + Trip

▶ Restaurant 식당

02. 식당을 예약하세요!

1 예약하려 합니다.

2 예약해야 합니까?

3 저녁 식사 3명입니다.

4 조용한 자리로 부탁합니다.

5 창가 쪽으로 부탁합니다.

6 8시에 2명 좌석이요.

7 정장을 해야 합니까?

Have a nice trip!

02. 예약하는 방법은요!
간단한 방법은 '인원수와 시간'을 말하시면 됩니다. 그러니까 Table for (4) at (7) o'clock. (4명 좌석 7시입니다.) 식으로 말씀하시면 됩니다.

1 I'd like to make a reservation.
아이드 라익투 매이커 레져배이션.

2 Should I make a reservation?
슈다이 매이커 레져배이션?

3 Three people for dinner.
쓰리 피플 풔 디너.

4 I'd like a quiet table.
아이드 라이커 콰이엇 테이블.

5 I'd like a table by the window.
아이드 라이커 테이블 바이 더 윈도우.

6 Table for two people at 8.
테이블 풔 투 피플 엣 에잇.

7 Should I dress up?
슈다이 드레스 업?

World + English + Trip

▲ Restaurant

Have an exciting time on your trip!

03. 메뉴를 보여주세요.

1 이쪽으로 오십시오.

2 저를 따라 오십시오.

3 여기에 앉으십시오.

4 메뉴를 볼 수 있을까요?

5 영어로 된 메뉴 있습니까?

6 식전술을 부탁합니다.

7 칵테일(맥주)로 주세요.

Have a nice trip!

03. 메뉴는 어떻게 보나요?
| 메뉴는 식사 순서에 맞춰 정리되어 있습니다. 전체 (starter, appetizer), 샐러드(salad), 수프(soup), 주요리(main dish) 그리고 디저트(dessert) 순입니다. |

1 Come this way.
컴 디스웨이.

2 Please, follow me.
플리즈, 팔로우 미.

3 Please, seat here.
플리즈, 씻 히어ㄹ.

4 Can I see a menu?
캐나이 씨 어 메뉴?

5 Is there an English menu?
이즈 데어런 잉글리쉬 메뉴?

6 I'd like a drink first.
아이드 라이커 드링크 풔스트.

7 Cocktail (Beer), please.
칵테일 (비어), 플리즈.

▶ Restaurant

World + English + Trip

Have an exciting time on your trip!

04. 뭘 먹지? 주문할게요!

1 주문하시겠습니까?

2 주문하겠습니다.

3 '오늘의 정식' 으로 하겠습니다.

4 이것과 이것으로 하겠습니다.

5 추천해 주실 수 있나요?

6 같은 것으로 주세요.

7 네, 맞습니다. 그것입니다.

Have a nice trip!

04. 주문은 어떻게?
아는 요리가 없다면 '주방장 추천요리'(The Chief's Choice)나 '오늘의 요리'(Today's Special)를 선택하면 됩니다. 헤드웨이터에게 추천을 부탁해도 좋습니다.

1 Would you like to order now?
우쥬 라익 투 오더 나우?

2 I'm ready to order.
아임 레디 투 오더.

3 I'll take today's special.
아윌 테익 투데이스 스페셜.

4 I'll have this and this.
아윌 해브 디스 앤 디스.

5 Could you recommend?
쿠쥬 리커맨드?

6 I'll take the same.
아윌 테익 더 쎄임.

7 That's right.
댓츠 롸잇.

▲ Restaurant 식당

World + English + Trip

Have an exciting time on your trip!

05. 내 입맛에 맞게 먹기!

1 뉴욕 스테이크로 주세요.

2 스테이크를 어떻게 해드릴까요?

3 살짝(중간 정도로), 구워 주세요.

4 완전히 구워 주세요.

5 수프(샐러드)로 주세요.

6 구운 감자로 주세요.

7 매시 브라운으로 주세요.

Have a nice trip!

05. 이렇게 요구하세요!
요리를 어떻게 해줄지를 물어옵니다. 보통은 선택할 수 있도록 선택사항을 말해줍니다. 그 중에 골라서 'OOO, please.' (플리즈)라고 말하시면 됩니다.

1. **New York stake, please.**
   누우욕 스테익, 플리즈.

2. **How would you like your stake?**
   하우 우쥬 라익 유어ㄹ 스테익?

3. **Rare (Medium), please.**
   래어 (미디엄), 플리즈.

4. **Well-done please.**
   웰던, 플리즈.

5. **Soup (Salad), please.**
   수웁 (샐러드), 플리즈.

6. **Baked potatoes, please.**
   베이크드 포테이토즈, 플리즈.

7. **Mashed potatoes, please.**
   매쉬드 포테이토즈, 플리즈.

▲ Restaurant

World + English + Trip

06. 식당에서의 돌발 상황!

1. 주문한 것이 아직 안 나왔습니다.

2. 이것은 제가 주문한 것이 아닙니다.

3. 좀 더 익혀 주세요.

4. 이 요리는 어떻게 먹는 건가요?

5. 나이프를 떨어뜨렸습니다.

6. 빵을 좀 더 주실 수 있나요?

7. 다른 걸로 바꿔 주세요.

Have a nice trip!

06. 돌발 상황은 이렇게!
식사 중에 요구할 것이 있을 경우, 웨이터를 부릅니다. 웨이터를 부를 땐 눈짓이나 두 번째 손가락을 살짝 들어 표시하면 됩니다.

1 My order hasn't come yet.
마이 오더 해즌 컴 옛.

2 This is not what I ordered.
디씨즈 낫 와라이 오덜드.

3 Could you heat it up a bit?
쿠쥬 히리럽 어 빗?

4 How should I eat this?
하우 슈다이 잇 디스?

5 I dropped the knife.
아이 드랍트 더 나이프.

6 Can I have more bread?
캐나이 햅 모어 브래드?

7 I'd like to change this.
아이드 라익투 췌인지 디스.

▶ Restaurant

World + English + Trip

07. 식사 잘 하셨나요?

1 후식은 무엇으로 드릴까요?

2 커피 주세요.

3 잘 먹었습니다. 감사합니다.

4 계산서 부탁합니다.

5 따로 계산하겠습니다.

6 함께 계산하겠습니다.

7 선불입니다.

Have a nice trip!

07. 그러면 계산할까요?
| 식사를 마치고 나갈 때, 테이블에 웨이터를 위한 팁을 남겨 두십시오. 팁은 식사비의 10~15% 정도입니다. 신용카드로 결제할 때에도 팁을 줄 수 있습니다. |

1 **What would you like for dessert?**
왓 우쥬 라익 풔 디저트?

2 **Coffee, please.**
커퓌, 플리즈.

3 **I enjoyed it very much. Thank you.**
아이 인조이드 잇 베리 머취. 땡큐.

4 **Check, please.**
첵, 플리즈.

5 **Separate bills, please.**
세퍼레잇 빌즈, 플리즈.

6 **All together, please.**
올 투게더, 플리즈.

7 **You have to pay it first.**
유 햅투 패이잇 풔스트.

World + English + Trip

▶ Restaurant

08. 간단하게 한 끼 때우기!

1 맥도널드가 어디에 있습니까?

2 카페테리아가 이 근처에 있나요?

3 포장해 주세요.

4 핫도그 주세요.

5 햄버거와 콜라 주세요.

6 세트 메뉴 주세요.

7 전부 얼마입니까?

Have a nice trip!

08. 간단하게 패스트푸드점에서!

| 간단한 점심식사는 패스트푸드점이나 카페테리아, 거리의 간이음식 코너를 이용하면 됩니다. 가격도 저렴하고 시간도 절약할 수 있어서 편합니다. |

1 Where is the McDonald's?
웨얼즈 더 맥더널?

2 Is there a cafeteria nearby?
이즈 데어러 카페테리아 니어바이?

3 It's for take-out.
잇츠 풔 테이카웃.

4 Hot dog, please.
핫독, 플리즈.

5 One hamburger and coke, please.
원 햄벅 앤 콕, 플리즈.

6 I'd like a combo menu.
아이드 라이커 콤보메뉴.

7 How much is it altogether?
하우 머춰 이즈 잇 얼투게더?

▲ Restaurant

World + English + Trip

09. 셀프서비스 입니까?

1. 빈자리 있습니까?

2. 가게 안에서 먹어도 됩니까?

3. 이 자리에 앉아도 됩니까?

4. 포크와 나이프는 어디에 있습니까?

5. 냅킨을 가져가도 됩니까?

6. 얼마나 더 기다려야 할까요?

7. 화장실을 사용해도 됩니까?

Have a nice trip!

09. 셀프서비스 가게에서!
| 간이식당이나 패스트푸드점은 기본적으로 셀프서비스입니다. 자리가 없을 땐 함께 합석을 하기도 합니다. 먼저 양해를 구하고 합석합니다. |

1 Is there any seats available?
이즈 데어ㄹ 애니 씻츠 어배일러블?

2 Is there a room for eating?
이즈 데어러 룸 풔 이링?

3 Can I seat here?
캐나이 씻 히어ㄹ?

4 Where is fork and knife?
웨얼즈 폭ㅋ 앤 나이프?

5 Can I take some napkins?
캐나이 테익 썸 냅킨?

6 How long should I wait?
하우 롱 슈다이 웨잇?

7 Can I use a bathroom?
캐나이 유저 배스룸?

▲ Restaurant 식당

World + English + Trip

Yes, you got it!

이런 단어면 상황 끝이야!

주문! 이런 단어가 필요해요

주문	order 오덜	한국요리	Korean food 코리언 푸드
식사	dish 디쉬	추천요리	recommended dish 리커맨디드 디쉬
웨이터	waiter 웨이터	식전주	aperitif 어페리티프
웨이트리스	waitress 웨이트리스	전채요리	appetizer 애피타이저
아침식사	breakfast 브랙풔스트	메뉴	menu 메뉴
점심식사	lunch 런취	샐러드	salad 샐러드
저녁식사	dinner 디너	수프	soup 수웁
프랑스요리	French food 프렌취 푸드	주요리	main dish 매인 디쉬
이탈리아요리	Italian food 이태리언 푸드	일품요리	a la carte 아 라 까르트
중국요리	Chinese food 챠이니즈 푸드		
일본요리	Japanese food 재패니즈 푸드		

요리는 이런 단어가 필요해요!

쇠고기	beef 빕
스테이크	stake 스테익
돼지고기	pork 포크
갈비	rib 립
닭고기	chicken 취킨
양고기	lamb 램
생선	fish 쀠쉬
해물요리	seafood 씨푸드
바닷가재	robster 랍스터
굴	oyster 오이스터
새우	shrimp 슈림
달팽이	snail 스네일
빵	bread 브레드
파이	pie 파이
밥	rice 라이스

피자	pizza 피짜
스파게티	spaghetti 스빠게리
오믈렛	omelette 오믈릿
스시	sushi 스시
만두	dumpling 덤플링

식사할 때
이런 단어가 필요해요!

포크	folk 폭
나이프	knife 나입
스푼	spoon 스푼
접시	dish 디쉬
냅킨	napkin 냅킨
컵	cup 컵

World + English + Trip

소금	salt 솔트		맥주	beer 비어
후추	pepper 페퍼		칵테일	cocktail 칵테일
설탕	sugar 슈가			
치즈	cheese 치즈		**계산할 때** **이런 단어가 필요해요!**	
잼	jam 잼			
드레싱	dressing 드레싱		계산	payment 패이먼트
겨자소스	washabi sauce 와사비 소스		계산대	counter 카운터
디저트	dessert 디젓		계산서	bill 빌
냅킨	napkin 냅킨		요금	fee 퓌
과일	fruit 프룻		팁	tip 팁
아이스크림	icecream 아이스크림		테이블	table 테이블
초콜릿	chocolate 초콜릿		현금	cash 캐쉬
커피	coffee 커퓌		신용카드	credit card 크레딧 카드
홍차	red tea 레드 티		여행자수표	traveler's check 트래블러스 첵
콜라	coke 콕		영수증	receipt 리씨트

셀프서비스	self-service 셀프 서비스
포장	take-out 테이카웃
남은 음식	leftover 레프트오버
카페테리아	cafeteria 카페테리아
펍	pub 펍
스낵바	snack bar 스낵바

제6장! 구경다니기! 이런 걸 보자!

깔끔한 여행을 위한 성공 매뉴얼이거든!

❶ 여행 시기!

여행 시기를 결정할 때에는 보통 **여행 목적, 현지의 기후** 등을 고려하는데 미국과 같이 시간과 **경비**가 많이 드는 나라를 여행할 때에는 여행 성수기인지 비수기인지도 매우 중요하다. 성수기에는 비수기에 비해 항공기와 숙박비의 요금 차이가 많이 나기 때문이다. 따라서 미국 학생들의 방학 기간인 3월 말~4월 초, 7~8월의 휴가 기간, 11월 말의 추수감사절 기간, 연말연시에는 여행 성수기이므로 이 기간을 피하여 여행 일정을 잡는다면 좀 더 저렴하게 여행을 즐길 수 있다.

미국은 우리나라처럼 4계절이 있으므로 여행 시기에 맞추어 옷을 준비하면 되는데 봄, 가을에는 일교차가 많이 나므로 반소매 옷과 긴팔 겉옷을 함께 준비한다.

sight seeing

겨울에도 서부 쪽은 우리의 겨울 날씨에 비해 매우 따뜻한 편이므로 너무 두꺼운 코트류의 옷은 필요 없다.

영국은 지리적인 영향으로 인해 1년 내내 비가 조금씩 내리고 여름에는 선선하고 겨울에는 우리보다 따뜻하다. 그러나 바람이 차가우므로 겨울에 영국을 방문할 계획이라면 **바람을 막아 줄 따뜻한 겉옷을 준비**하도록 한다.

호주는 남반구에 위치하므로 **우리나라와 계절이 반대**이다. 따라서 시드니와 멜번 등의 도시를 방문할 계획이라면 여름인 12월~2월과 봄인 9월~11월이 적당하다.

❷ 관광 정보의 수집!

미국의 대부분의 도시는 관광 안내소를 운영하고 있다. 관광 안내소에서는 여행에 필요한 다양한 정보와 안내 그리고 전화 문의에 대한 상담 등 관광에 대한 모든 서비스를 제공하고 있으며 시내 지도와 교통 안내서, 버스와 지하철의 노선도, 주요 관광지를 소개하는 안내서 등이 비치되어 있다. 또한, 뉴욕, 로스앤젤레스와 같은 **대도시**에서는 **시티 매거진**이 주나 월 단위로 발행된다. 시티 매거진에는 그 도시에서 열리는 연극, 영화, 공연 등의 문화 정보와 쇼핑 정보, 축제나 박람회 같은 행사 정보에 이르기까지 다양한 정보가 실려 있다. 그밖에 **신문의 일요일 판**이나 **엔터테인먼트**, **스포츠 코너** 등에서도 그 지역에서 열리는 **행사정보**를 얻을 수 있으며 **호텔**에도 **무료 정보지**가 비치되어 있으므로 활용하도록 한다. .

영국 런던에 있는 **중앙 관광안내소(UKOK)**에서는 런던을 비롯하여 잉글랜드의 주요 도시와 스코틀랜드, 웨일즈 지방에 대한 모든 정보를 제공한다. 도시 지도와 버스, 지하철, 철도 노

World + English + Trip

선도를 비치하고 있으며 숙소나 각종 교통수단, 도시 관광에 대한 모든 예약을 할 수 있고 여행하고자 하는 도시에 대한 자세한 상담도 가능하다.

❸ 미국의 축제!

Independence Day (7월 4일) : 미국이 영국으로부터 독립을 선포한 것을 기념하는 날이다. 이 날 낮에는 기념식과 여러 가지 행사가 도시 곳곳에서 벌어지며 밤에는 야외 음악회와 더불어 불꽃놀이가 펼쳐진다. 특히 보스턴의 찰스강변에서 열리는 불꽃놀이는 TV로 방송될 정도로 규모가 크고 화려하다.

Columbus Day (10월 12일) : Columbus가 미 대륙을 발견한 것을 기념하는 날이다. Columbus의 범선을 그대로 재현해서 허드슨 강가에서 퍼레이드를 하고 밤에는 불꽃놀이를 즐긴다.

Halloween Day (10월 31일) : 미국 어린이들의 축제로 학교에서는 가장 무도회 파티가 열리고, 밤이 되면 변장을 하고 방문하는 아이들에게 사탕이나 초콜릿을 준비하였다가 준다.

Thanksgiving Day (11월 넷째 목요일) : 추수감사절로서 보통 흩어져 살던 가족들이 한자리에 모여 칠면조 요리를 먹고 미식 축구를 보며 지낸다.

❹ 영국의 축제!

에딘버러 페스티벌 : 50년이 넘는 국제 페스티벌로서 8월 중순부터 9월 초까지 3주 동안 열린다. 세계각국 예술인들이 에딘버러에 와서 오페라, 음악회, 연극, 발레 공연을 하므로 수준

높은 각국의 공연을 한자리에서 감상할 수 있다. 에딘버러 페스티벌의 하일라이트는 에딘버러 밀리터리 타투로서 에딘버러 성 앞에서 펼쳐지는 영국 전통 악기인 백파이프와 드럼을 둘러 맨 군악대들의 퍼레이드이다.

노팅힐 축제 : 런던의 노팅힐에서 8월 마지막 토, 일, 월요일에 열리는 유럽 최대의 거리 축제이다. 축제일의 토, 일요일에는 의상쇼, 춤, 음악, 밴드의 경연대회가 열리며 월요일에는 카니발이 펼쳐지는데 해마다 카니발의 주제가 달라진다.

❺ 호주의 축제!

퍼스 국제 예술 축제 : 1952년에 시작된 퍼스 국제 예술 축제에는 호주뿐만 아니라 세계 각국에서 수많은 예술가들이 참가하여 음악, 미술, 영화, 연극 등의 공연을 선보인다. 또한 이 기간 동안 서핑, 요트, 크리켓 같은 스포츠 경기도 함께 진행된다.

멜번 뭄바 축제 : 3월 5일부터 8일까지 열리는 호주 최고의 거리 축제로서 뭄바라는 말은 원주민어로 '다함께 모여서 즐기자.' 라는 의미이다. 뭄바축제에 참가한 참가자들이 벌이는 퍼레이드가 축제의 하일라이트이며 문화와 스포츠가 어우러진 축제이다.

상황을 즐겨라!
중요표현 3종세트!

여행 중에 반드시 만나는 상황이 있습니다.
아울러 이런 상황에 꼭 필요한 표현들이 있고요.
피할 수 없는 대화라면 여러분이 먼저 선수를 치십시오.
그래서 준비했습니다. 상황종료를 위한 '중요표현 3종 Set'.
자! 이제부터 상황을 즐겨주십시오!

관광할 때 꼭 쓰는 중요표현 3종 세트!

B : I'd like to go to the Golden gate.
아이드 라익투 고 투 더 골든 게이트.
골든게이트를 가보고 싶어요.

A : Trun right and it's on your left.
턴 롸잇 앤 잇츠 온 유어 랩트.
오른쪽으로 돌아서 왼쪽에 있습니다.

B : Is it far from here?
이즈 잇 파 프럼 히어ㄹ?
여기서 멉니까?

A : It takes about 10 minutes.
잇 테익스 어바웃 텐 미니츠.
약 10분 정도 걸립니다.

A : For how many people?
풔 하우 매니 피플?
몇 분이세요?

B : 2 adults and 1 child.
투 어덜츠 앤 원 촤일드.
어른 2명과 아이 하나입니다.

---

❶ 관광 일정을 너무 무리하게 잡지 않도록 합니다. ❷ 야간 관광의 경우 안전에 특별히 신경을 더 써야 합니다. ❸ 많은 곳을 보는 것도 좋지만 여유를 가지고 깊이 있게 즐기는 것도 좋은 방법입니다.

Have an exciting time on your trip!

01. 관광을 시작할까요?

1 관광안내소는 어디에 있습니까?

2 안내를 받을 수 있을까요?

3 관광안내서를 주실 수 있습니까?

4 한국어로 된 것이 있습니까?

5 시내관광지도 있습니까?

6 중심가는 어디입니까?

7 여기에서 걸어갈 수 있나요?

Have a nice trip!

01. 관광안내소를 찾습니다!
관광안내소(여행안내소)는 공항, 기차역, 버스터미널, 호텔, 시내중심가에 위치하고 있습니다. 지도에서는 ⓘ 마크 표시가 되어 있는 곳을 찾으시면 됩니다.

1 Where is the tourist information center?
웨얼즈 더 투어리스트 인퍼매이션 센터?

2 Could I get a guide?
쿠다이 게러 가이드?

3 Could I get a tourist information?
쿠다이 게러 투어리스트 인풔매이션?

4 Is there anything in Korean?
이즈 데어ㄹ 애니씽 인 코리언?

5 Is there a downtown map?
이즈 데어러 다운타운 맵?

6 Where is downtown?
웨얼즈 다운타운?

7 Can I walk from here?
캐나이 웍 프럼 히어ㄹ?

World + English + Trip

02. 길을 물어서 찾아가기!

1. 이 주소는 어디입니까?

2. 여기에서 먼가요?

3. 어느 쪽입니까?

4. 시내 중심가에 가고 싶습니다.

5. 이 거리의 이름은 무엇입니까?

6. 이 건물은 무엇으로 유명합니까?

7. 도와주셔서 고맙습니다.

Have a nice trip!

02. 길을 어떻게 물어볼까요?

현지인에게 길을 물어볼 때 몸에 손을 대거나 하는 것은 실례입니다. 상대방이 나를 여행자로 미리 알 수 있도록 적절한 제스처와 표정이 필요합니다.

1. **Where is this address?**
   웨얼즈 디스 어드레스?

2. **Is it far from here?**
   이즈 잇 파 프럼 히어ㄹ?

3. **Which way is it?**
   위치 웨이 이즈 잇?

4. **I'd like to go to the downtown.**
   아이드 라익투 고우 투더 다운타운.

5. **What is the name of this street?**
   왓츠 더 네임 옵 디스 스트릿?

6. **What is this building famous for?**
   왓츠 디스 빌딩 훼이머스 풔?

7. **Thank you for your help.**
   땡큐 풔 유어ㄹ 헬프.

World + English + Trip

▲ Sightseeing

Have an exciting time on your trip!

03. 길 안내 알아듣기!

1 똑바로 가세요.

2 왼쪽(오른쪽)으로 가세요.

3 다음 블록입니다.

4 저기 있는 신호등까지 가세요.

5 여기에서 너무 멉니다.

6 버스를 타고 가세요.

7 잘못 오셨습니다.

Have a nice trip!

03. 길 안내는 이렇게 받자!
가장 좋은 방법은 지도에 표시를 부탁하거나, 약도를 그려달라고 하는 것입니다. 보통 현지인이 걸린다는 시간보다 더 걸리기 십상입니다. 감안하십시오.

1 Go straight.
고우 스트레잇.

2 Turn left (right).
턴 렙트 (롸잇).

3 It is on next block.
잇츠 온 넥스트 블럭.

4 Go to the traffic light over there.
고우 투더 트래픽 라잇 오버 데어ㄹ.

5 It is far from here.
잇츠 파 프럼 히어ㄹ.

6 Take a bus.
테이커 버스.

7 You are on the wrong street.
유 아 온 더 로웅 스트릿.

World + English + Trip

▲ Sightseeing
관광

Have an exciting time on your trip!

04. 미술관, 박물관 구경하기!

1. 개장시간이 언제입니까?

2. 입장료는 얼마입니까?

3. 학생 할인이 되나요?

4. 안내가 있습니까?

5. 여기는 어떤 전시실입니까?

6. 팸플릿을 가져도 됩니까?

7. 사진을 찍어도 됩니까?

Have a nice trip!

04. 미술관, 박물관 탐방은 이렇게!
| 방문 전에 개장, 폐장시간, 휴관일 등에 대한 정보를 미리 확인합니다. 규모들이 커서 충분한 시간을 두고 방문해야만 입장 가능한 경우가 많습니다. |

1 When do you open?
웬 두 유 오픈?

2 How much is the admission fee?
하우 머취 이즈 디 어드미션 퓌?

3 Do you offer student discounts?
두 유 어퍼 스튜던 디스캬운츠?

4 Is there a guided tour?
이즈 데어러 가이디드 투어?

5 What kind of showroom is this?
왓 카인 업 쇼우룸 이즈 디스?

6 Can I take a brochure?
캐나이 테이커 브로슈어?

7 Can I take a picture?
캐나이 테이커 픽쳐?

Sightseeing

World + English + Trip

Have an exciting time on your trip!

sight seeing

05. 이것이 관광 포인트!

1. 지금 입장해도 됩니까?

2. 짐을 맡겨 놓아도 됩니까?

3. 이 건물은 언제 생긴 건가요?

4. 무엇이 가장 유명한 것인가요?

5. 이것의 이름은 무엇입니까?

6. 누구의 작품인가요?

7. 어디에 쓰는 물건입니까?

Have a nice trip!

05. 관광은 어떻게?
박람회, 전시장 등은 붐비기 일쑤입니다. 짐이 많다면 안내데스크에 보관을 의뢰하십시오. 출구와 입구, 셔틀 교통편의 이용을 미리 확인하면 좋습니다.

1. Can I enter now?
캐나이 엔터 나우?

2. Could you keep my bag?
쿠쥬 킵 마이 백?

3. When was this building built?
웬 워즈 디스 빌딩 빌트?

4. What is the most famous thing?
왓츠 더 모스트 훼이머스 씽?

5. What is the name of this?
왓츠 더 네임 업 디스?

6. Whose work is this?
후즈 웍 이즈 디스?

7. What is this for?
왓츠 디스 풔?

World + English + Trip

Have an exciting time on your trip!

06. 시내관광 버스 투어!

1 버스투어 안내서를 주세요.

2 가장 인기 있는 코스는 무엇인가요?

3 코스를 추천해 주십시오.

4 투어는 몇 시간 걸립니까?

5 어디에서 출발합니까?

6 식사가 포함됩니까?

7 2명인데 얼마입니까?

Have a nice trip!

06. 시내관광 버스투어는 어떻게?

| 짧은 시간 안에 대도시를 구경하는 방법으로 버스 투어 만한 것이 없습니다. 야경까지도 안전하게 즐길 수 있으므로 한번쯤 참가하는 것도 좋겠습니다. |

1 **Can I have a brochure for tour bus?**
캔아이 해버 브로슈어 풔 투어 버스?

2 **What is the most popular tour?**
왓츠 더 모스트 파퓰러 투어?

3 **Which tour do you recommend?**
위치 투어 두유 리커맨드?

4 **How long does this tour take?**
하우 롱 더즈 디스 투어 테익?

5 **Where does this tour leave?**
웨어ㄹ 더즈 디스 투어 립?

6 **Is a meal included?**
이저 밀 인클루디드?

7 **How much is it for two people?**
하우 머취 이즈 잇 풔 투 피플?

World + English + Trip

Yes, you got it!

이런 단어면 상황 끝이야!

방향과 위치, 이런 단어가 필요해요!

위치	location 로케이션	인도	sidewalk 사이드 웍
방향	direction 디렉션	네거리	intersection 인터섹션
오른쪽	right 롸잇	횡단보도	crossroad 크로스로드
왼쪽	left 렙트	다리	bridge 브릿쥐
이쪽	this way 디스 웨이	차도	road 로드
저쪽	that way 댓 웨이	고속도로	highway 하이웨이
반대쪽	opposite way 어퍼짓 웨이	표지판	sign 싸인
앞	front 프런트	신호등	traffic light 트래픽 라잇
뒤	back 백		
옆	next to 넥스투		
길	street 스트릿		

관광할 때 이런 단어가 필요해요!

World + English + Trip

안내소	information center 인퍼매이션 센터		
미술관	gallery 갤러리		
박물관	museum 뮤지엄	정원	garden 가든
전시장	showroom 쇼우룸	명소	tourist attraction 투어리스트 어트랙션
시청	city hall 시티 홀	온천	hot spring 핫 스프링
의사당	council house 캬운슬 하우스	교외	suburb 서벌브
왕궁	palace 팰리스		
교회	church 춰치	**관람할 때** **이런 단어가 필요해요!**	
성당	catholic church 캐톨릭 춰치		
사원	temple 템플	입장료	admission fee 어드미션 퓌
기념관	memorial hall 메모리얼 홀	개관시간	opening hour 오프닝 아우어
동물원	zoo 즈우	폐관시간	closing hour 크로징 아우어
식물원	botanical garden 보태니컬 가든	휴관일	closing day 크로징 데이
수족관	aquarium 아쿠어리움	팸플릿	brochure 브로슈어
공원	park 파악	보관소	cloakroom 클락룸

World + English + Trip

Trip Dictionary

화장실	restroom / 레스트룸
공중변소	public restroom / 퍼블릭 레스트룸
입구	entrance / 엔트란스
출구	exit / 엑시트
비상구	emergency exit / 이머전시 엑시트
경고	warning / 워닝
위험	danger / 데인줘
주의	caution / 커우션
폐쇄	closed / 크로즈드
고장	broken / 브로큰
정숙	silence / 사일런스
촬영금지	No pictures / 노우 픽취스
플래시금지	No flash / 노우 플래쉬
스케치금지	No sketch / 노우 스케취

시티투어, 이런 단어가 필요해요!

요금	fare / 풰어
예약	reservation / 레져배이션
수수료	service charge / 서비스 촤지
여행사	travel agency / 트래블 에이전시
관광버스	tour bus / 투어 버스
집결지	meeting point / 미팅 포인트
출발지	departure place / 디파쳐 플레이스
출발시간	departure time / 디파쳐 타임
통역	translation / 트랜스레이션
팸플릿	brochure / 브로슈어
가이드	guide / 가이드
당일관광	one-day tour / 원데이 투어
반일관광	half-day tour / 해프데이 투어

World + English + Trip

나이트투어	night tour	
	나잇 투어	
야경	night view	
	나잇 뷰	
정차	stopover	
	스탑오버	
식사	meal	
	밀	
포함	included	
	인클루디드	
불포함	not included	
	낫 인클루디드	
자유시간	free time	
	프리 타임	

0203

Trip Dictionary

Yes, you got it!

World + English + Trip

| 런던 |
London

대영제국의 영광과 번영을
증거하는 도시, 런던!

UK
Hot Spot
gajaGO

런던의 매력에 빠지다!

런던은 도심 곳곳이 볼거리 천지이다. 대부분의 다양한 볼거리들이 시내 중심부에 자리하고 있어서 도보 여행자에게 더 없이 좋은 곳이기도 하다. 런던은 크게 중심부(**Central**)와 사우스 뱅크(**South Bank**) 지역으로 나누어 구경해 볼 수 있다. 그러면 먼저 런던 중심부로 가서 시작해 보자!

gajaGO ▶ 기본적으로 런던은 도보 관광이 충분히 가능하지만 좀 더 효율적인 관광을 위해 지하철을 이용하는 것이 좋다. 대부분의 볼거리들이 지하철 Tube 역과 바로 연결될 정도로 교통편이 우수하다.

London
World + English + Trip
0204

Best in London gaja GO

| 런던 센트럴 |

| 버킹엄 궁전 |
Buckingham Palace

영국 왕실의 주궁전으로 왕실 근위병 교대식이 이루어지는 곳이다.
▶ 지하철 Green Park 또는 Victoria 역에 하차!

| 웨스트민스트 사원 |
Westminster Abbey

'서쪽의 대사원'으로 대표적인 고딕양식의 건축물이다. 대관식, 왕실 결혼식이 거행되는 곳이다.
▶ 지하철 Westminster 역에서 하차!

| 국회의사당 |
House of Parliament

영국 민주주의 정치의 상징이자, 런던의 대표적인 랜드마크인 시계탑 빅벤이 있다.
▶ 지하철 Westminster 역에서 하차!

런던의 미술관과 박물관을 찾아서!

| 대영 박물관 |
The British Museum

세계 최초의 국립 박물관이며, 세계 최대의 규모를 자랑하는 영국의 자존심. 거대한 전시장과 600만점 이상의 엄청난 전시물을 자랑한다.
▶ 지하철 Tottenham Court Road 역에 하차!

| 내셔널 갤러리 |
The National Gallery

유럽 최고의 회화 걸작품이 전시되어 있다. 동, 서, 북, 쌘즈베리 관으로 구성되어 있다. 동관 강추!
▶ 지하철 Charing Cross 또는 Leicester Sq. 역!

| 국립 초상화 미술관 |
The National Portrait Gallery

시대별 유명 인사의 초상화와 사진들이 총망라.
▶ 지하철 Charing Cross 또는 Leicester Sq. 역!

| 사우스 뱅크 |

| 타워 브리지 | Tower Bridge

템스강을 가로지르는 영국의 상징. 야경 또한 일품이다.
▶ 지하철 London Bridge 역에서 하차!

| 런던 아이 | British Airways London Eye

영국 항공이 지원 제작한 영국의 명물 회전관람차로 세계 최대규모를 자랑한다. ▶ 지하철 Westminster 역 하차!

| 테이트 모던 | Tate Modern

걸작 현대 미술 작품과 독특한 건물 외관, 그리고 현대적 공간 구성미로 런던의 떠오르는 관광명소가 되었다.
▶ 지하철 Southwark 역에 하차!

제 **7** 장!
좋은 물건사기!
쇼핑 노하우!

성공적인 여행을 위한 매뉴얼이거든!

❶ 미국의 쇼핑 정보!

미국의 상점들은 1년에 2번 정기세일을 하는데, 6월부터 시작되는 **여름세일**과 추수감사절 다음날 시작되는 **겨울세일**이 있다. 그러나 백화점의 경우에는 시즌 상품이 출시되고 어느 정도 지나면 25% 세일을 해주고, 또 좀 더 지나면 50% 세일을 해주므로 결국 1년 내내 할인된 상품을 구입할 수 있다.

쇼핑을 잘 하려면 **일간지**를 꼼꼼히 살펴보도록 한다. **브랜드샵과 백화점의 세일 소식**, 그리고 **할인 품목에 관한 자세한 정보**가 실려 있다.

❷ 뉴요커처럼 쇼핑하기!

쇼핑의 천국, 뉴욕에서 뉴요커처럼 쇼핑을 하려면 원하는 상품에 맞는 쇼핑 장소를 선택하면 된다. 우선, 세계적인 디자이너의 **명품**을 사려고 하면 **5Th Ave.의 명품 거리**, **소호**를 가면 되고, 시즌은 좀 지났지만 **명품 상품을 할인된 가격**으로 구입하고자 하면 **우드버리 커먼 프리미엄 아웃렛**으로 가면 된다. 또한 갭, 아베크롬비와 같은 **대중적인 브랜드의 의류**를 구입하고자 한다면 **소호의 Prince St.**이나 **34th St.**을 가면 된다.

미국에는 부가가치세가 없으므로 유럽에서처럼 외국인에 대한 부가가치세 환불은 없다. 또한, 물건값에 세금이 부가되는데 도시마다 부가되는 세금의 비율이 다르다. **뉴욕**의 경우에는 쇼핑 시에 **8.25%의 세금이 부가**되므로 의류를 구입할 때 옷에 붙어 있는 태그의 가격에 8.25%의 금액을 더해서 지불해야 한다.

미국은 우리나라와 달리 의류의 사이즈 구분이 다른데 보통의 매장에서는(여성 의류) 2, 4, 6, 8, 10, 12 사이즈의 상품을 구비하고 있다. 대략 우리나라의 55사이즈가 4, 66사이즈가 8에 해당되며 같은 사이즈라 하더라도 브랜드마다 조금씩 차이가 있으므로 입어보고 구입하도록 한다.

❸ 영국의 쇼핑 정보!

영국의 대형 백화점과 큰 상점들은 1년에 2번, **크리스마스 직후부터 1월까지** 그리고 **7월에 세일**을 하며, 정확한 날짜는 상점마다 다르다. 따라서 이 시기를 이용한다면 질 좋은 상품을 저렴한 가격에 구입할 수 있다.

World + English + Trip

❹ 부가가치세 환불받기!

영국에서는 상품에 17.5%의 부가가치세가 부여되는데 **외국인에게는 신고 시에 부가가치세를 환불**해 주는 제도가 있다. 그러나 모든 상점에서 그런 것은 아니며 이 제도가 적용되는 상점에서 일정 금액 이상의 물건을 구매했을 경우에만 해당된다. 부가가치세를 환급받는 방법은 상품 구입 시에 신고서를 작성하고 귀국 시에 신고할 상품과 일반 수화물을 분리하여 탑승수속을 받고 TAX COUNTER에 가서 신고할 상품(상품 포장 미개봉 상태여야 함)과 신고서, 여권을 제시한다. 그러면 세관 직원이 신고서에 확인 스탬프를 찍어주는데 이것을 TAX REFUND COUNTER에 보여주면 환불을 받게 된다. 환불금은 수표나 신용카드로 받게 되며, 일부 회사는 공항에 마련한 환급창구에서 현금으로 지급한다.

❺ 런더너 따라잡기!

런던 최고의 쇼핑 거리는 옥스퍼드 스트릿과 **리젠트 스트릿**으로 다양한 상품을 판매하는 상점과 백화점이 밀집되어 있다.

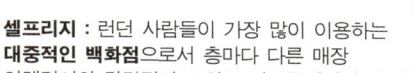

셀프리지 : 런던 사람들이 가장 많이 이용하는 **대중적인 백화점**으로서 층마다 다른 매장 인테리어와 감각적인 쇼윈도 디스플레이가 볼만하다.

해롯 : 왕실 납품 백화점으로 유명한 해롯은 **최고의 명품만을 판매**하는 곳이다.

햄리즈 : **유럽 최고의 장난감 백화점**으로서 인형, 블록, 게임기, 파티용품에 이르기까지 6층 건물 전체가 장난감으로 가득하다.

보더스 : **영국의 대표적인 서점**으로 다양한 분야의 서적을 갖추고 있다.

포트넘 앤 메이슨 : **런던 최고의 홍차를 판매**하는 곳으로서 홍차 외에 잼, 꿀, 와인, 커피, 쿠키 등을 판매한다.

포토벨로 마켓 : **런던의 대표적인 스트릿 마켓**으로서 영화 '노팅힐'의 촬영지로도 유명하다. 싱싱한 과일과 야채, 꽃, 의류, 앤틱 가구 등의 다양한 상품을 판매한다.

❻ 호주의 쇼핑 정보!!

호주의 백화점과 상점들은 2월, 5월, 8월, 11월에 바겐세일을 하며 **대표적인 특산품으로는 양모제품, 어그 부츠, 꿀, 와인, 오팔, 부메랑**과 오지 전통 모자인 **아쿠부라**가 있다.

Enjoy your trip!

상황을 즐겨라!
중요표현 3종세트!

여행 중에 반드시 만나는 상황이 있습니다.
아울러 이런 상황에 꼭 필요한 표현들이 있고요.
피할 수 없는 대화라면 여러분이 먼저 선수를 치십시오.
그래서 준비했습니다. 상황종료를 위한 '중요표현 3종 Set'.
자! 이제부터 상황을 즐겨주십시오!

쇼핑할 때 꼭 쓰는 중요표현 3종 세트!

1

A : May I help you?
   메이 아이 헬퓨?
   손님, 무엇을 도와드릴까요??

B : I'd like a T-shirt.
   아이드 라익커 티셔츠.
   티셔츠를 사려고 합니다.

World + English + Trip   0212

B : May I look first?
메이 아이 룩 풔스트?
먼저 구경 좀 해도 될까요?

A : OK, take your time.
오케이, 테익큐어 타임.
네, 천천히 구경하세요.

B : How much is it?
하우 머취 이즈 잇?
얼마인가요?

B : A little expensive for me.
어 리를 익스펜십 풔 미.
좀 비싸네요.

❶ 같은 제품을 한국에서 더 싸게 살 수도 있습니다. 먼저 비교해 보십시오. ❷ 환불 및 교환을 위해 영수증은 반드시 챙겨둡니다.

Have an exciting time on your trip!

01. 쇼핑을 시작할까요?

1 쇼핑을 하고 싶습니다.

2 근처에 면세점이 있나요?

3 이 근처에 백화점이 있습니까?

4 벼룩시장은 언제 열리나요?

5 영업시작은 몇 시입니까?

6 기념품을 사고 싶습니다.

7 선물을 준비하려 합니다.

Have a nice trip!

01. 쇼핑정보를 챙기세요!
관광도시의 경우, 외국인 전용매장이 있어서 믿을 수 있는 제품과 할인된 가격으로 구입이 가능합니다. 면세 여부를 확인하시고, 영수증도 꼭 챙겨둡니다.

shopping

1 I'd like to shop.
아이드 라익투 샵.

2 Is there a duty-free shop nearby?
이즈 데어러 듀티프리샵 니얼바이?

3 Is there a department store around here?
이즈 데어러 디파트먼트 스토어 어라운 히어ㄹ?

4 When does the flee market open?
웬 더즈 더 플리 마켓 오픈?

5 When do you open?
웬 두유 오픈?

6 I'd like to buy a souvenir.
아이드 라익투 바이어 수브니어.

7 I'd like to buy a present.
아이드 라익투 바이어 프레전트.

▲ Shopping

World + English + Trip

02. 이것이 쇼핑매너!

Have an exciting time on your trip!

shopping

1. 실례합니다.

2. 향수를 사려고 합니다.

3. 저 물건을 보여주십시오.

4. 한번 입어봐도 될까요?

5. 구경 좀 할게요.

6. 다른 제품은 없나요?

7. 이것으로 하겠습니다.

Have a nice trip!

02. 쇼핑은 이렇게 해요!
| 먼저 인사를 하며 매장으로 들어갑니다. 필요한 물건이 있으면 그때 점원을 부릅니다. 제품의 확인은 점원에게 부탁합니다. 점원의 안내를 받으십시오. |

1. **Excuse me.**
   익스큐즈 미.

2. **I'd like to buy a perfume.**
   아이드 라익투 바이 어 퍼퓸.

3. **Can I see that?**
   캐나이 씨 댓?

4. **Can I try this on?**
   캐나이 트라이 디스 온?

5. **Let me take a look around.**
   렛미 테이커 루커라운드.

6. **Show me others.**
   쇼우미 아덜스.

7. **I'll take this.**
   아윌 테익 디스.

▲ Shopping

World + English + Trip

Have an exciting time on your trip!

03. 면세점, 백화점 쇼핑!

1 이 제품 면세되나요?

2 교환됩니까?

3 환불됩니까?

4 선물용입니다.

5 배송해 주세요.

6 할인 안 해줍니까?

7 다른 디자인은 없나요?

Have a nice trip!

03. 면세점의 이용!
면세점에서 물건을 살 때에는 국내 반입 한도를 먼저 확인하도록 합니다. 구매한 물건의 면세서류를 반드시 챙겨 여권에 부착, 보관하도록 합니다.

1. **Can I buy it tax free?**
   캐나이 바이잇 택스 프리?

2. **Can I exchange this?**
   캐나이 익스췌인지 디스?

3. **Can I refund this?**
   캐나이 리펀 디스?

4. **It is for present.**
   잇 이즈 풔 프레전트.

5. **I'd like you to deliver it.**
   아이드 라익 유 투 딜리버릿.

6. **Can you give me a discount?**
   캔유 깁미어 디스캬운트?

7. **Do you have other style?**
   두유 햅 아더 스타일?

▲ Shopping

World + English + Trip

Have an exciting time on your trip!

04. 슈퍼마켓, 시장 쇼핑!

1 생수는 어느 코너에 있습니까?

2 방금 나온 빵은 어떤 거죠?

3 어떤 게 유명한 거죠?

4 이거 진품인가요?

5 좀 더 깎아주세요.

6 선물할 건데 깎아주세요.

7 어떤 것이 신상품이죠?

Have a nice trip!

04. 벼룩시장 정보!
| 지역 신문을 참고하거나, 지역 상인들에게 문의하면 정확한 정보를 얻을 수 있습니다. 보통 주말에 열리며, 인근에 포스터나 화살표로 안내해 주기도 합니다. |

shopping

1 **Where is water?**
웨얼즈 워러?

2 **Which is fresh bread?**
위치 이즈 프레쉬 브레드?

3 **Which is famous one?**
위치 이즈 훼이머스 원?

4 **Is this real?**
이즈 디스 리얼?

5 **Can you bring it down?**
캔유 브링 잇 다운?

6 **Please give me a good price on it. It is for present.**
플리즈 깁미어 굿 프라이스 온잇. 잇츠 풔 프레전트.

7 **Which is new product?**
위치 이즈 뉴 프롸덕?

World + English + Trip

▲ Shopping

05. 기념품점에서 선물쇼핑!

Have an exciting time on your trip!

shopping

1. 기념품점은 어디에 있나요?

2. 장난감을 살 수 있을까요?

3. 그림엽서 주세요.

4. 특산물을 소개해 주세요.

5. 기념품을 추천해 주세요.

6. 열쇠고리는 어디에 있나요?

7. 선물용으로 포장해 주세요.

Have a nice trip!

05. 기념품점의 이용!
기념품점에서 선물을 준비하는 것이 가장 무난합니다. 여러분들께 부담 없이 드릴 수 있는 필기구, 키홀더, 핸드폰 스트랩이나 액세서리가 인기 있습니다.

shopping

1 Where is the souvenir shop?
웨얼즈 더 수브니어 샵?

2 Can I buy a toy?
캐나이 바이어 토이?

3 I'd like a picture postcard.
아이드 라이커 픽춰 포스트카드.

4 What is this place famous for?
왓츠 디스 플레이스 훼이머스 풔?

5 What can I take as a souvenir?
왓 캐나이 테익 애즈 어 수브니어?

6 Where is a key ring?
웨얼즈 어 키링?

7 Can I have a gift wrap?
캐나이 해버 기프트 랩?

World + English + Trip

06. 쇼핑 트러블

1. 제품에 문제가 있습니다.

2. 이거 고장났습니다.

3. 새것으로 바꿔주세요.

4. 계산이 틀린 것 같습니다.

5. 이미 계산했습니다.

6. 한 번도 사용 안 했습니다.

7. 영수증을 가지고 있습니다.

Have a nice trip!

06. 영수증은 꼭 챙기세요!

영수증은 반드시 챙기십시오. 물건을 나중에 환불, 교환할 때, 꼭 필요합니다. 제품의 개봉여부, 착용여부에 따라 교환, 환불이 불가능할 수도 있습니다.

1. **There is a problem in this product.**
   데얼즈 어 프라블름 인 디스 프라덕.

2. **This is broken.**
   디씨즈 브로큰.

3. **Please exchange this for new one.**
   플리즈 익스췌인지 디스 풔 뉴원.

4. **There is something wrong in this bill.**
   데얼즈 썸씽 롱 인 디스 빌.

5. **I already paid.**
   아이 얼레디 페이드.

6. **I never used this.**
   아이 네버 유즈드 디스.

7. **I keep the receipt.**
   아이 킵 더 리씨트.

World + English + Trip

▲ Shopping

07. 계산과 은행과 환전

1 전부 얼마입니까?

2 조금만 더 할인해 주세요.

3 현금으로 하겠습니다.

4 여행자 수표도 가능합니까?

5 환전이 가능합니까?

6 10달러짜리로 바꿔 주세요.

7 현금인출기는 어디에 있나요?

Have a nice trip!

07. 환전은 어떻게?

환전 시에 여권을 제시하는 곳도 있습니다. 반드시 지정 환전소를 이용해 주십시오. 공항, 은행, 호텔, 백화점, 공식 환전소 표시가 있는 곳을 이용하십시오.

shopping

1. How much is all?
하우 머취 이즈 올?

2. Can you give me a discount?
캔 유 깁미어 디스캬운트?

3. I'll pay in cash.
아윌 패이 인 캐쉬.

4. Do you take a traveler's check?
두유 테이커 트래블러스 첵?

5. Do you exchange foreign currency?
두유 익스췌인지 포린 커런시?

6. Please change this in ten-dollar bills.
플리즈 췌인지 디스 인 텐 달러 빌즈.

7. Where is the ATM?
웨얼즈 디 애이티엠?

World + English + Trip

▲ Shopping

Yes, you got it!

이런 단어면 상황 끝이야!

백화점, 면세점
이런 단어가 필요해요!

면세점	duty-free shop 듀티프리 샵
면세	tax free 택스 프리
화장품	cosmetics 커스매틱스
향수	perfume 퍼퓸
시계	watch 와취
가방	bag 백
핸드백	handbag 핸드백
구두	shoes 슈즈
남성복	men's wear 맨즈 웨어
여성복	women's wear 위민즈 웨어
아동복	children's wear 칠드런스 웨어

내의	inner wear 이너 웨어
청바지	jean 진
티셔츠	T-shirts 티셔츠
주방기구	kitchen devices 키친 디바이시즈
전자제품	home appliances 홈 어플라이언시즈
보석	jewel 쥬얼
장신구	accessary 액서서리
카메라	camera 카메라
완구	toy 토이

쇼핑할 때
이런 단어가 필요해요!

계산	pay 페이			
현금	cash 캐쉬			
수표	check 첵	은행	bank 뱅크	
카드	card 카드	현금인출기	ATM 에이티엠	
주문	order 오더	지폐	bill 빌	
교환	exchange 익스췌인지	동전	coin 코인	
환불	refund 리펀	서명	signature 시그내쳐	
배송	deliver 딜리버			
포장	wrap 랩			
선물	gift 기프트			
할인	discount 디스캬운트			
할인권	coupon 큐폰			
세일	sale 세일			
환전	exchange money 익스쉐인지 머니			
환전소	money changer 머니 췌인저			

0229

Trip Dictionary

Yes, you got it!

World + English + Trip

제8장!
재미있게 놀기!
아싸~! 신나go!

시간이 남는 오후, 여행 중에 해보고 즐길 수 있는 것들을 찾아보자! 미국(영국, 호주) 하면 빼놓을 수 없는 '종목'들에 대해 살짝 알아보고 가자!

❶ 미국에서의 엔터테인먼트!

프로 야구 : 프로 야구의 본고장 미국에서는 4월에서 9월 사이에 야구 경기가 계속해서 열린다. 티켓은 야구 경기가 열리는 스타디움의 매표소에서 구입할 수 있으며 우편이나 전화로도 신청할 수 있다. 단, 전화 주문 시에는 수수료를 지불해야 한다.

농구 : 미국의 프로 농구 NBA는 11월에 시작해서 다음 해 6월에 끝나며 중간에 올스타전이 열린다. 매표소나 티켓 마스터에서 입장권을 구입할 수 있으며 경기 일정을 확인해서 빨리 구입하지 않으면 입장권을 구하기가 힘들다.

fun & leisure

미식 축구 : 시즌은 9월에서 12월까지이며 슈퍼볼은 1월의 마지막 일요일에 열린다. 대부분 시즌 티켓으로 판매되고 시합 일정이 발표될 때에는 티켓을 구할 수가 없으나 8~9월 초의 플레이 시즌 게임은 경기장에 가면 구입할 수 있다.

영화 : 영화 산업이 가장 번성한 미국에는 16,000여 개의 극장이 있으며 대표적인 체인 영화관으로는 AMC와 Loews가 있다. 미국 영화관은 영화 등급에 따라 입장이 제한되는데 G는 누구나 관람이 가능한 영화이며 PG는 연령 제한은 없지만 부모의 허가가 필요한 영화, R은 17세 이하의 입장이 불가능한 영화(보호자 동반 시에는 가능), X는 18세 이하의 관람이 불가능한 영화이다.

뮤지컬 : 미국 최대의 극장가인 브로드웨이에서는 세계적인 명성의 뮤지컬이 상연되고 있는데, 장기 공연되고 있는 히트 작품으로는 캣츠, 레미제라블, 오페라의 유령, 미스 사이공 등이 있다. 티켓은 상연되는 극장에 직접 가서 구입하거나 인터넷으로 구입하는데 인터넷으로 구입 시에는 $30 정도의 배달료가 붙는다.

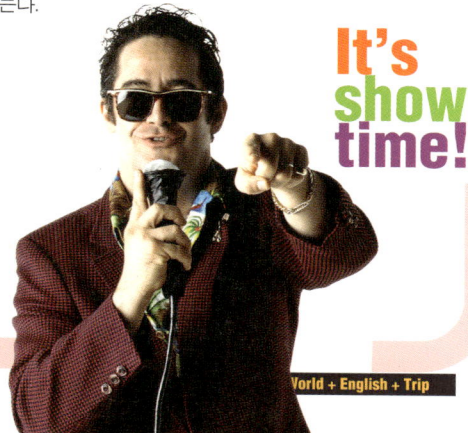

It's show time!

❷ 영국에서의 엔터테인먼트!

뮤지컬 : 런던의 웨스트 엔드는 뉴욕의 브로드웨이와 함께 뮤지컬의 중심으로 알려져 있다. 런던에는 웨스트 엔드를 중심으로 50여 개 이상의 공연장이 밀집되어 있으며 맘마미아, 오페라의 유령, 라이언 킹, 레미제라블과 같은 수준 높은 공연이 상연되고 있다. 티켓은 공연장이나 관광안내소, 또는 레스터 스퀘어에 있는 반액 할인 티켓 부스에서 구입할 수 있으며 관광안내소에서 구입 시에는 수수료가 더해진다.

영화 : 극장이나 상영되는 시간에 따라 요금이 다르며 학생증 지참 시에는 학생 할인을 받을 수 있다.

스포츠 : 크리켓, 골프, 승마, 스쿼시 등의 각종 스포츠를 국내와는 달리 저렴한 가격에 즐길 수 있다. 또한 영국의 프로 축구인 프리미어 리그 경기는 경기 전에 미리 표를 예매하여야 지만 표를 구입할 수 있을 정도로 인기가 높다. 입장권은 일반석의 경우 한화로 약 4~50,000원 정도이다.

Show me the game.

I love soccer!

❸ 호주에서의 엔터테인먼트

호주는 섬나라이므로 바다에서 즐길 수 있는 해양 스포츠가 발달되어 있다. 대표적인 해양 스포츠에는 수영, 낚시, 파도타기, 스쿠버 다이빙, 스노클링, 붐 네팅 등이 있다.

스쿠버 다이빙 : 다이버 교육과정을 이수하면 다이빙 자격증도 취득할 수 있다. 기본 오픈워터 코스 신청 시, 코스 신청 요금 외에 건강진단 비용이 추가되며 자격증에 첨부될 여권 사진 2장도 함께 필요하다.

스노클링 : 스노클, 오리발, 수경을 착용하고 수면 주변에서 바닷속을 즐기는 스포츠이다. 서호주의 엑스마우스와 케언즈 주변의 동부해안이 스노클링을 즐기기에 알맞은 장소이다.

붐 네팅 : 보트 뒤에 설치된 그물에 매달려 물썰매를 즐기는 스포츠이다.

번지 점프 : 케언즈, 퍼스, 골드 코스트, 에일리 비치 등지에서 스릴 만점의 번지 점프를 즐길 수 있다. 이 중 케언즈는 숲속에 번지 전용 타워가 있으며 그 외의 지역은 크레인 위에 올라가 뛰어 내리게 되어 있다.

열기구 타기 : 열기구를 타고 호주의 아름다운 풍광을 즐길 수 있다. 만 5세 이상 가능하며 참가비는 A$ 100~200 정도이다.

상황을 즐겨라!
중요표현 3종세트!

여행 중에 반드시 만나는 상황이 있습니다.
아울러 이런 상황에 꼭 필요한 표현들이 있고요.
피할 수 없는 대화라면 여러분이 먼저 선수를 치십시오.
그래서 준비했습니다. 상황종료를 위한 '중요표현 3종 Set'.
자! 이제부터 상황을 즐겨주십시오!

여가를 즐겨라! 중요표현 3종 세트!

1

B : Can I have a seat for today?
캐나이 해버 씻 풔 투나잇?
오늘 저녁표 있습니까?

A : Which seats would you like to have?
위치 씻츠 우쥬 라익투 햅?
어떤 좌석을 원하십니까?

World + English + Trip

B : Could you recommend some shows?
쿠쥬 리커멘드 썸 쇼우스?
쇼를 추천해 주시겠습니까?

B : Do you have a discount for students?
두유 해버 디스카운트 풔 스튜던츠?
학생 할인표가 있나요?

B : How much is the ticket?
하우 머치 이즈 더 티켓?
티켓은 얼마입니까?

A : 6 dollars.
식스 달러스.
6달러입니다.

---

❶ 예매를 하면 쌉니다. ❷ 경기장, 공연장에는 충분한 시간 전에 미리 도착해야 하겠죠!

01. 공연의 관람!

Have an exciting time on your trip!

fun & leisure

1. 어떤 공연이 유명합니까?

2. 어느 극장에서 합니까?

3. 예매권을 사고 싶습니다.

4. 오늘 공연은 몇 시부터입니까?

5. 일반석 2매요.

6. 학생석이요.

7. 티켓은 얼마입니까?

World + English + Trip

Have a nice trip!

01. 공연의 관람!
각종 공연 관련 정보는 해당 도시의 생활지, 일간신문, 잡지, 거리의 공연 포스터 등을 참고하십시오. 호텔 안내에 예매를 문의할 수도 있습니다.

1 What is the famous show?
왓츠 더 훼이머스 쇼우?

2 On which theater is it playing?
온 위치 씨에러 이즈 잇 플레잉?

3 I'd like to make a reservation.
아이드 라익투 메이커 레져배이션.

4 What time does the show start today?
왓 타임 더즈 더 쇼우 스타트 투데이?

5 Two tickets for adults, please.
투 티켓츠 풔 어덜츠, 플리즈.

6 Ticket for students, please.
티켓 풔 스튜던츠, 플리즈.

7 How much is the ticket?
하우 머취 이즈 더 티켓?

World + English + Trip

▶ **Fun Leisure**

02. 공연장으로 가요!

Have an exciting time on your trip!

fun & leisure

1. 인기 있는 공연은 무엇인가요?

2. 뭐가 제일 재미있나요?

3. 뮤지컬을 보고 싶어요.

4. 영화 보러 갑시다.

5. 지금 표를 살 수 있나요?

6. 이 표 환불되나요?

7. 공연은 몇 시간입니까?

Have a nice trip!

02. 공연장으로!

여행안내소에는 시내 관광용 지도를 준비하고 있습니다. 박물관, 미술관 또는 공연장을 테마로 한 관광 지도도 있기 때문에 공연관람에 도움이 됩니다.

1 **What is the most popular show?**
왓츠 더 모스트 파퓰러 쇼우?

2 **What is the most interesting show?**
왓츠 더 모스트 인터레스팅 쇼우?

3 **I'd like to watch a musical.**
아이드 라익투 와춰어 뮤지컬.

4 **Shall we go to the movie?**
쉘위 고우 투더 무비?

5 **Can I still buy the tickets now?**
캐나이 스틸 바이 더 티켓츠 나우?

6 **Can you refund this ticket?**
캔유 리펀 디스 티켓?

7 **For how long does the show play?**
풔 하우롱 더즈더 쇼우 플레이?

0239

▶ Fun Leisure 여가

World + English + Trip

03. 스포츠 경기를 관람해요!

Have an exciting time on your trip!

1 축구 경기를 보고 싶습니다.

2 어느 팀이 경기합니까?

3 어디에서 합니까?

4 경기장은 어떻게 갑니까?

5 응원석은 어느 쪽입니까?

6 티셔츠를 사고 싶습니다.

7 코트 예약은 어디에서 합니까?

Have a nice trip!

03. 스포츠 경기 좋아하세요?
| TV로나 볼 수 있던 해외 스포츠를 직접 관전한다면 여행의 만족감이 훨씬 더할 것입니다. 스포츠! 그 감동의 순간! 현장에서 그대로 만끽하세요! |

1. **I'd like to watch a soccer game.**
   아이드 라익투 와취 어 사커게임.

2. **Who is playing?**
   후즈 플레잉?

3. **Where are they playing?**
   웨어ㄹ 아 데이 플레잉?

4. **How can I get to the stadium?**
   하우 캐나이 겟투더 스태이디엄?

5. **Where is the rooter's seats?**
   웨얼즈 더 루터스 씻?

6. **I'd like to buy a T-shirts.**
   아이드 라익투 바이 어 티셔츠.

7. **Where can I reserve the court?**
   웨어ㄹ 캐나이 리져브 더 코트?

▶ Fun Leisure

World + English + Trip

Have an exciting time on your trip!

fun & leisure

04. 나이트클럽은 어때요?

1 나이트클럽에 갈까요?

2 쇼는 어떤 것이 있나요?

3 무대 쪽 자리로 해주세요.

4 옷을 단정하게 입어야 하나요?

5 예약을 해야 합니까?

6 쇼는 언제 시작합니까?

7 한잔 더 주세요.

Have a nice trip!

04. 나이트클럽에 갈까요?
여행을 마무리하는 단계라면 하루쯤 나이트클럽을 방문해도 좋을 것입니다. 현지 정보에 능통한 사람의 안내를 받는 것이 좋습니다.

1. **Shall we go to the club?**
   쉘위 고우 투더 클럽?

2. **What kind of show is there?**
   왓 카인덥 쇼우 이즈 데어ㄹ?

3. **I want a seat near stage.**
   아이 워너 씻 니어 스테이쥐.

4. **Do you have a dress code?**
   두유 해버 드레스 코드?

5. **Should I make a reservation?**
   슈다이 메이커 레져배이션?

6. **When does the show start?**
   웬 더즈 더 쇼우 스타트?

7. **Can I have another drink?**
   캐나이 햅 언아더 드링크?

World + English + Trip

Have an exciting time on your trip!

05. 사우나를 즐겨요!

1. 사우나는 어디에 있습니까?

2. 입장료는 얼마입니까?

3. 탈의실은 어디입니까?

4. 목욕수건이 필요합니다.

5. 목욕가운을 주세요.

6. 여기는 무슨 온천입니까?

7. 마사지를 받을 수 있나요?

Have a nice trip!

05. 사우나를 즐겨요!

여행자의 피로를 푸는 방법 중 단연 으뜸으로 사우나, 온천, 마사지 등을 듭니다. 여행자 여러분의 완벽한 컨디션을 위해 적극 권해드립니다.

1 Where is a sauna?
웨얼즈 어 서우너?

2 How much is the fee?
하우 머취 이즈 더 퓌?

3 Where is the changing room?
웨얼즈 더 췌인징 룸?

4 I need a bath towel.
아이 니더 배스타월.

5 Can I have a bath gown?
캐나이 해버 배스 가운?

6 What kind of hot spring is this?
왓 카인덥 핫 스프링 이즈 디스?

7 Can I get a massage?
캐나이 게러 머서쥐?

World + English + Trip

▲ Fun Leisure 여가

Yes, you got it!

이런 단어면 상황 끝이야!

**공연장에선
이런 단어가 필요해요!**

영화	movie / 무비
연극	play / 플레이
콘서트	concert / 컨서트
오페라	opera / 오프라
뮤지컬	musical / 뮤지컬
무용	dance / 댄스
쇼	show / 쇼우
서커스	circus / 써커스
매표소	ticket office / 티켓 어피스
성인	adult / 어덜트
학생	student / 스튜던트
어린이	child / 차일드
예약석	reserved seat / 리저브드 씻
자유석	non-reserved seat / 난 리저브드 씻
특별석	special seat / 스페셜 씻
입석	standing room / 스탠딩 룸
입구	entrance / 엔트란스
매점	snack bar / 스낵바
휴게실	lounge / 라운지
화장실	restroom / 레스트룸

스포츠, 이런 단어가 필요해요!

fun & leisure

축구	soccer	싸커
야구	baseball	베이스볼
농구	basketball	배스킷볼
배구	volleyball	발리볼
테니스	tennis	테니스
코트	court	코트
탁구	tabletennis	테이블테니스
수영	swim	스윔
골프	golf	골프
그린	green	그린
등산	hiking	하이킹
스키	ski	스키
스케이트	skate	스케이트
하키	hockey	하키
경마	horse racing	호스레이싱
서핑	surfing	서핑
스쿠버 다이빙	scover diving	스쿠버다이빙
레이싱	racing	레이싱
사이클	cycle	싸이클
캠핑	camping	캠핑

0247

Trip Dictionary
Yes, you got it!

World + English + Trip

제9장!
소식 전하기!
국제전화, please!

깔끔한 여행을 위한
성공 매뉴얼이거든!

❶ 국제전화 어떻게?

호텔에서 국제전화를 사용할 경우, 기본적으로 0번 또는 9번을 먼저 눌러 국제전화 신청을 하거나, 국제전화번호로 직접 통화하면 됩니다.

미국의 공중전화는 동전이나 전화카드를 사용하는데 전화카드는 할인점이나 슈퍼마켓 등에서 구입할 수 있다.

시내통화 기본요금은 지역에 따라 다르지만 보통 10~30￠로 3분간 통화할 수 있으며 경고음이 나면 추가로 동전을 넣어야 계속 사용이 가능하다. 시외통화를 하고자 할 경우에는 다이얼 1번을 누르고 지역번호와 통화하고자 하는 전화번호를 누르면 요금이 안내되므로, 안내에 따라 'Thank you.' 소리가 날 때까지 동전을 넣으면 통화할 수 있다.

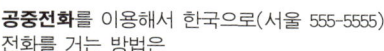

공중전화를 이용해서 한국으로(서울 555-5555) 전화를 거는 방법은
011 + 82(한국 국가번호) + 2-555-5555(지역번호의 0을 제외한 한국의 전화번호) 이다.

호텔 객실 내의 전화를 통해 한국으로(서울 555-5555) 전화를 거는 방법은
0 또는 9(호텔 외부 접속 번호, 호텔 별 확인 필요) + 011 + 82(한국 국가번호) + 2-555-5555(지역번호의 0을 제외한 한국의 전화번호) 이다.

영국의 공중전화는 동전이나 카드로 이용이 가능하며 시내통화 기본요금은 10p이다. 전화카드는 우체국이나 슈퍼마켓, 관광안내소 등에서 구입할 수 있으며 일반적으로 영국내 전화는 BT카드가, 국제전화는 인터내셔널 폰카드가 저렴하다. 영국에서 한국으로의 직통전화는 00 + 82 + 0을 뺀 지역번호 + 전화번호이다.

호주에서 한국으로 수신자 부담 전화 거는 방법
1-800-675-114+1111+#
을 누르면 한국 교환원과 통화할 수 있다. 호주의 전화카드는 A$5, 10, 20, 50의 4종류가 있으며 서점이나, 편의점, 우체국 등에서 구입할 수 있다.

❷ 선불전화카드!

선불전화카드는 여행 전 일정 금액을 선불로 구입한 후, 해외에서 해당 금액만큼 국제전화를 이용할 수 있는 카드로서 **통화 품질도 뛰어나고 전화 이용료도 매우 저렴**한 편이다.

World + English + Trip

선불전화카드를 이용하는 방법은 먼저, 사업자가 지정한 미국(영국, 호주) 내 전화번호로 전화를 건 후 카드에 적힌 번호와 걸고자 하는 한국 내 전화번호를 차례로 입력하면 된다.

❸ 우편의 이용!

미국 우체국의 업무시간은 지역마다 다르지만 대략 월요일~금요일 08:30~17:00이며 토요일은 08:30~12:00이다. 우체통은 파란색이며 국내용과 국외용으로 편지 넣는 곳이 나뉘어져 있고 소포나 속달우편 등은 우체국에 직접 가서 접수해야 한다. 우표는 우체국에서 구입하거나 슈퍼마켓, 약국, 호텔, 터미널 등에 설치된 자동판매기에서 구입할 수 있으나 30% 정도 가격이 비싸다.

영국 우체국의 업무시간은 월요일~금요일 09:00 ~ 17:30까지이며 대도시의 큰 우체국은 토요일에도 09:00 ~ 12:30까지 업무를 본다. 우체통의 모양은 좌측의 그림과 같다.

호주 우체국의 업무시간은 월요일~금요일 09:00~17:00이며 대도시의 중앙 우체국은 주말에도 업무를 본다. 우체통은 보통 우편용이 빨간색이며 빠른 우편용은 노란색이다.

❹ 화폐와 통화!

미국에서 통용되는 화폐의 단위는 달러($)와 센트(￠)이다. 그 중 지폐의 종류는 $1, $2, $5, $10, $20, $50, $100, $500, $1,000, $5,000, $10,000가 있으며 동전은 1￠, 5￠, 10￠, 25￠, 50￠와 $1가 있다. 또한 동전에는 각각 이름이 있는데 1￠는 페니, 5￠는 니켈, 10￠는 다임, 25￠는 쿼터라고 부른다. **미국 은행의 영업시간**은 월요일~금요일 08:30~15:00이며, 토, 일요일과 경축일에는 영업을 하지 않는다.

영국의 통화 단위는 파운드(£)이며 지폐는 £5, £10, £20, £50의 4종류가 동전은 1p, 2p, 5p, 10p, 20p, 50p, £1의 7종류가 있다. **영국 은행의 영업시간**은 보통 월요일~금요일 09:30~15:30, 토요일 09:30~12:30이며 은행에 따라 개점시간이 차이가 있다.

호주에서는 호주 달러(A$)를 사용하며 지폐는 $5, $10, $20, $50, $100의 5종류가, 동전은 1￠, 5￠, 10￠, 20￠, 50￠, $1, $2의 7종류가 있다. **호주 은행의 영업시간**은 월요일~금요일 09:30~16:00이며 지역에 따라 금요일에는 17:00까지 영업을 하는 곳도 있다.

상황을 즐겨라!
중요표현 3종세트!

여행 중에 반드시 만나는 상황이 있습니다.
아울러 이런 상황에 꼭 필요한 표현들이 있고요.
피할 수 없는 대화라면 여러분이 먼저 선수를 치십시오.
그래서 준비했습니다. 상황종료를 위한 '중요표현 3종 Set'.
자! 이제부터 상황을 즐겨주십시오!

전화 걸 때 꼭 쓰는 표현 3종 세트!

B : Where is a public phone?
웨얼즈 어 퍼블릭 포운?
공중전화는 어디에 있나요?

B : Please tell me how to call this number?
플리즈 텔 미 하우 투 콜 디스 넘버?
이 번호로 전화하는 법 좀 말해 주세요.

World + English + Trip

B : Mr. Anderson, please.
미스터 앤더슨, 플리즈.
앤더슨 씨 좀 부탁합니다.

B : Could you tell him to call me back?
쿠쥬 텔힘투 콜미백?
전화해 달라고 그에게 전해주시겠어요?

A : Operator.
어퍼레이터.
교환입니다.

B : Long distance call to Korea, please.
롱 디스턴스 콜 투 코리아 플리즈.
한국으로 장거리 전화 부탁합니다.

❶ 전화매너를 지킵시다. 너무 늦은 시간에 집으로 거는 전화는 좋지 않습니다. ❷ 회사로 거는 전화는 되도록 짧게 통화합니다. ❸ 공중전화는 다음 사람에게 불편이 없도록 합니다. 그래야 안 찍힙니다.

Have an exciting time on your trip!

01. 전화를 겁니다.

1 공중전화는 어디에 있습니까?

2 여보세요?

3 거기가 힐튼 호텔인가요?

4 스미스 씨와 통화하고 싶습니다.

5 저는 홍이라고 합니다.

6 좀 천천히 말씀해 주세요.

7 나중에 다시 걸겠습니다.

Have a nice trip!

01. 이것이 전화매너!

| 천천히 또박또박 말씀하십시오. 저녁 9시~10시 이후에는 전화를 피해주십시오. 사무실에 거는 전화일수록 용건을 간단히 말씀하시는 것이 좋습니다. |

1. Where is a public phone?
웨얼즈 어 퍼블릭 포운?

2. Hello.
헬로우.

3. Is this a Hilton hotel?
이즈 디스 어 힐튼 호텔?

4. I'd like to talk to Mr. Smith.
아이드 라익투 톡투 미스터 스미스.

5. This is Hong.
디씨즈 홍.

6. Could you slow down?
쿠쥬 슬로우 다운?

7. I'll call later.
아윌 콜 레이러.

0255

▶ Telephon 전화

World + English + Trip

Have an exciting time on your trip!

02. 전화를 받습니다.

1. 홍입니다.

2. 잠시만 기다려 주세요.

3. 통화 중입니다.

4. 그는/그녀는 부재 중입니다.

5. 누구라고 전해드릴까요?

6. 그에게/그녀에게 전화 드리라고 하겠습니다.

7. 나중에 다시 걸어주십시오.

Have a nice trip!

02. 전화를 받습니다.

| 상대방의 말을 제대로 이해 못했다면 '다시 한번' 또는 '좀 더 천천히' 말해줄 것을 부탁하십시오. 통화자의 이름과 내용을 그때그때 메모해 둡니다. |

1 Hong, speaking.
홍, 스피킹.

2 Hold on a second.
홀드 오너 쎄컨.

3 The line is busy.
더 라인 이즈 비지.

4 He/She is not here.
히/쉬 이즈 낫 히어ㄹ.

5 Can I have your name?
캐나이 해뷰어 네임?

6 I'll tell him/her to call you back.
아윌 텔 힘/허 투 콜유 백.

7 Please call back later.
플리즈 콜백 레이러.

▶ Telephon 전화

World + English + Trip

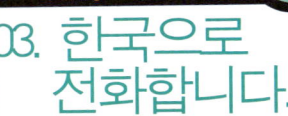

03. 한국으로 전화합니다.

1. 국제전화를 하고 싶습니다.

2. 컬렉트콜로 하고 싶습니다.

3. 한국어가 가능하신 분 좀 부탁합니다.

4. 메시지를 남겨도 될까요?

5. 급하게 전할 말이 있습니다.

6. 한국의 서울로 전화하고 싶습니다.

7. 요금은 제가 지불합니다.

Have a nice trip!

03. 한국으로 전화는 어떻게?
| 호텔교환이나 선불전화카드를 이용하는 방법, 핸드폰 로밍서비스를 이용하는 방법 등입니다. 이 중 두 가지 방법 정도는 숙지해두시는 것이 좋습니다. |

1 **I'd like to make an international call.**
아이드 라익투 메이커 언 인터네셔널 콜.

2 **I'd like to make a collect call.**
아이드 라익투 메이커 콜렉트 콜.

3 **Can I talk to somebody speaking Korean?**
캐나이 톡투 썸바디 스피킹 코리언?

4 **Can I leave a message?**
캐나이 리브어 메세쥐?

5 **I have a something to tell immediately.**
아이 해버 썸씽투 텔 이미디어틀리.

6 **I'd like to call to Seoul, Korea.**
아이드 라익투 콜 투 서울, 코리아.

7 **I'll pay the charge.**
아윌 패이 더 차쥐.

▶ Telephon 전화

World + English + Trip

Have an exciting time on your trip!

04. 그림엽서를 보냅니다!

1 우체통은 어디에 있나요?

2 얼마짜리 우표를 붙여야 하죠?

3 우표를 살 수 있습니까?

4 가까운 우체국은 어디입니까?

5 이 편지를 한국으로 보내고 싶습니다.

6 착불로 보내고 싶습니다.

7 우편료는 얼마입니까?

Have a nice trip!

04. 우체통만 찾으면 됩니다!

| 우체국에 가면 우편엽서용 우표를 여러 장 사서, 이동하면서 그때그때 사용하는 것이 좋습니다. 매번 우체국을 찾아다니는 것보다 훨씬 나으니까요. |

1 Where is a mail box?
웨얼즈 어 메일 박스?

2 How much stamps do I need?
하우 머취 스탬스 두아니 니드?

3 Can I buy a stamp?
캐나이 바이 어 스탬프?

4 Where is the nearest post office?
웨얼즈 더 니어리스트 포스트 어피스?

5 I'd like to send this letter to Korea.
아이드 라익투 센디스 레터 투 코리아.

6 Please send this C.O.D.
플리즈 센드 디스 씨오디.

7 How much does it cost?
하우 머취 더즈 잇 코스트?

World + English + Trip

Have an exciting time on your trip!

05. 소포를 한국으로 보냅니다.

1. 소포를 한국으로 보내고 싶습니다.

2. 여기서 소포포장을 할 수 있나요?

3. 한국까지 며칠이나 걸립니까?

4. 선편으로 보내면 얼마나 쌉니까?

5. 항공편으로 보내고 싶습니다.

6. 속달로 보내고 싶습니다.

7. 가장 빠르게 보내는 편은 뭐죠?

Have a nice trip!

05. 소포는 일단 부칩시다!
크고 무거운 짐, 서적 또는 주방용품 같은 것들은 먼저 소포로 부치는 것이 좋습니다. 이런 짐을 가지고 여행한다는 것은 너무 어려우니까요.

1 I'd like to send this parcel to Korea.
아이드 라익투 센디스 파슬 투 코리아.

2 Can I wrap a parcel here?
캐나이 래퍼 파슬 히어ㄹ?

3 How long will it take to Korea?
하우 롱 윌잇 테익 투 코리아?

4 How cheaper is the sea mail?
하우 취퍼 이즈 더 씨메일?

5 I'd like to send this by air mail.
아이드 라익투 센디스 바이 에어메일.

6 I'd like to send this by express mail.
아이드 라익투 센디스 바이 익스프레스메일.

7 What is the fastest way to send this?
왓츠 더 패티스트 웨이 투 센디스?

World + English + Trip

Yes, you got it!

이런 단어면 상황 끝이야!

전화할 때 이런 단어가 필요해요!

공중전화	public phone 퍼블릭 포운
수화기	receiver 리씨버
동전	coin 코인
전화번호	phone number 폰 넘버
다이얼	dial 다이얼
시내전화	local call 로칼 콜
장거리전화	long distance call 롱 디스턴스 콜
국제전화	international call 인터네셔널 콜
컬렉트콜	collect call 콜렉트 콜
내선	extension 익스텐션
교환원	operator 오퍼레이터
국가번호	country code 컨트리 코드
지역번호	local code 로컬 코드
요금	charge 차쥐
통화	call 콜
메시지	message 메세쥐
긴급통화	emergency call 이머전시 콜

우체국에선 이런 단어가 필요해요!

우체국	post office 포스트 어피스
우체통	mail box 메일박스

telephone

편지	letter 레터
엽서	postcard 포스트카드
그림엽서	picture postcard 픽춰 포스트카드
소포	parcel 파슬
내용물	content 컨텐트
인쇄물	printed material 프린티드 머티리얼
선물	gift 기프트
우표	stamp 스탬프
편지봉투	envelope 엔벨롭
주소	address 어드레스
발신인	sender 쎈더
수취인	recipient 리씨피언트
속달	express 익스프레스
전보	telegram 텔레그램
항공편	air mail 에어메일

선편	sea mail 씨메일
배달	delivery 딜리버리
취급주의	fragile 프레쟈일

0265

Trip Dictionary
Yes, you got it!

World + English + Trip

제10장!
긴급! 구조요청!
안전을 위한 노하우!

성공적인 여행을 위한 매뉴얼이거든!

해외여행 중에 분실, 도난, 부상 등의 사고는 여행자에게 치명적인 타격이 된다. 사고에 대비하여 다음의 사항들을 기록하여 따로 보관하자!

여권은 여권번호와 발행일, 발행지, 유효기간을 기록해 두는데 여권의 사진이 있는 부분을 복사해서 보관한다. **신용카드는 카드번호와 한국과 여행지의 발급처, 분실 시 신고할 연락처**를 기재해 두고, **여행자수표는 수표의 일련번호와 구입일, 한국과 여행지의 은행 연락처**를 기록해 둔다. **항공권은 항공권 번호와 발행일, 한국과 여행지의 항공사 연락처**를 알아두면 되고 **해외여행자보험의 경우에는 보험증번호와 계약일자**를 기록해둔다.

❶ 여권을 분실했다면!

가까운 경찰서에 가서 **분실증명 확인서**를 받은 후, 현지의 **한국 대사관 또는 총영사관에 가서 여행자증명서**를 발급 받는다. 여행자증명서를 발급 받으려면 사진, 여권 분실증명 확인서, 신분증, 분실한 여권의 번호와 교부일자, 여권 재발급 신청서 등이 필요하다.

❷ 항공권을 분실했다면!

항공사의 현지 대리점에 가서 재발급 신청을 한다. 재발급 신청 시에는 **항공권 번호, 발권 연월일, 구간 등에 대한 정보**가 필요하며 1주일 정도 소요된다. 시간의 여유가 없을 때에는 항공권을 새로 구입하여 일단 귀국한 후에 나중에 항공료를 환불받을 수 있는데 환불까지는 3개월 정도의 시간이 걸린다.

❸ 여행자수표를 분실했다면!

현지 여행자수표 발행처에 **분실신고(분실 경위, 장소, 수표 번호)**를 하며, 분실증명 확인서가 필요한 경우에는 현지 경찰서에 신고하여 받도록 한다. 수표에는 본인의 사인이 돼 있어야 하며, 2번째의 사인을 하지 않은 수표에 한해서만 재발급이 가능하다. 분실 신고 후 하루 정도 지나면 희망 지역의 은행이나 수표 발행처에서 재발급 받을 수 있다.

❹ 공항에서 수하물을 분실했다면!

'BAGGAGE CLAIM' 이라고 쓰여있는 수하물 분실신고소에 가서 신고한다. 신고를 할 때에는 출국 전 짐을 붙이고 나서 받았던 **Baggage Claim Tag**을 제시하고 가방의 형태나, 크기, 색상 등을 알려주도록 한다. (신고서에는 가방의 형태가 그림으로 그려져 있으므로 체크를 하면 된다.) 분실 신고를 한 후, **분실 증명서를 발급** 받아야 여행 후에 보상을 받을 수 있다. 가방이나 짐을 철도역이나 기타 공공장소에서 잃어버렸을 때에는, 역무실이나 근처의 경찰서를 찾아가서 도움을 청한다.

Baggage Claim Tag

❺ 여행 중의 부상, 질병!

현지에 있는 병원에 가서 진료 및 치료를 받도록 한다. 결재는 카드로 하는 것이 좋으며 보험 처리를 위해 **의사 소견서 및 치료비 영수증을 수령하여 귀국 후 처리**하도록 한다.

그러나 외국 여행 시에는 국내와는 달리 의사소통의 문제 등이 있으므로 기본 상비약은 반드시 준비해 가도록 하며 병이 있는 사람은 의사의 진단서와 복용하는 약을 넉넉히 가져가도록 한다.

꼭 알아둬야 할 중요 전화번호!

미국
화재/구급차/경찰	911
주미 한국 대사관	202 - 939 - 5600
주미 한국 총영사관	213 - 385 - 9300
대한항공	1 - 800 - 438 - 5000
아시아나	1 - 800 - 227 - 4262

영국
화재/구급차/경찰	999
전화번호 안내	192
주영국 한국 대사관	020 - 7227 - 5500
대한항공 런던지사	0800 - 413000

호주
화재/구급차/경찰	000
전화번호 안내	12455
주호주 한국 대사관	61 - 2 - 6270 - 4100
대한항공	02 - 9262 - 2041
아시아나	02 - 9252 - 3914

상황을 즐겨라!
중요표현 3종세트!

여행 중에 반드시 만나는 상황이 있습니다.
아울러 이런 상황에 꼭 필요한 표현들이 있고요.
피할 수 없는 대화라면 여러분이 먼저 선수를 치십시오.
그래서 준비했습니다. 상황종료를 위한 '중요표현 3종 Set'.
자! 이제부터 상황을 즐겨주십시오!

문제 상황용 중요표현 3종 세트!

B : Call the police, please.
콜 더 폴리스 플리즈.
경찰을 불러주세요.

B : I had an accident.
아이 헤던 엑씨던트.
사고가 났습니다.

B : Call the ambulance, please.
콜 디 엠뷸런스, 플리즈.
구급차를 불러주세요.

B : Where is the Korean Embassy?
웨얼즈 더 코리언 엠베씨?
한국대사관은 어디입니까?

B : Aspirin, please.
애스피린 플리즈.
아스피린 주세요.

B : How should I take this medicine?
하우 슈드 아이 테익 디스 메디슨?
이 약은 어떻게 먹습니까?

❶ 야간에 혼자 다니는 것은 피합니다. ❷ 길은 가급적 믿을 만한 사람에게 물어 봅니다. ❸ 사고 상황을 대비해 신상정보를 따로 기록해 둡니다.

01. 문제 상황을 해결합니다!

Have an exciting time on your trip!

1. 문제가 생겼습니다.

2. 급합니다.

3. 서둘러 주세요.

4. 도와주세요.

5. 한국인을 불러주세요.

6. 부축해 주세요.

7. 살려주세요.

Have a nice trip!

01. 사고예방 원칙!
| **1** 혼자 다니지 않는다, **2** 야간 이동을 피한다, **3** 현금을 분산 보관한다, **4** 고가품의 노출을 삼가한다. **5** 비상연락처를 숙지한다. |

1 **I have a trouble.**
아이 해버 트러블.

2 **It is emergency.**
잇츠 이머젼시.

3 **Please, hurry up.**
플리즈, 허리업.

4 **Please help me.**
플리즈 헬프미.

5 **Call me a Korean, please.**
콜미 어 코리언, 플리즈.

6 **Please help me to walk.**
플리즈 헬프미 투 워.

7 **Please help me.**
플리즈 헬프미.

World + English + Trip

▶ Emergency

Have an exciting time on your trip!

02. 위급합니다! (병원)

1. 병원으로 데려다 주세요.

2. 구급차를 불러 주세요.

3. 의사를 불러 주세요.

4. 여기가 아픕니다.

5. 저의 혈액형은 O형입니다.

6. 알레르기가 있습니다.

7. 입원해야 합니까?

World + English + Trip

Have a nice trip!

02. 정말 위급합니다! (병원)
예기치 않은 사고나 부상에 대비해 여권에 자신의 혈액형, 복용처방전, 병력증명서(영문)를 끼워 보관해 두는 것이 좋습니다.

1. **Please take me to the hospital.**
   플리즈 테익미 투더 하스피럴.

2. **Please call me an ambulance.**
   플리즈 콜미 언 앰블런스.

3. **Please call me a doctor.**
   플리즈 콜미 어 닥터.

4. **It is painful here.**
   잇츠 패인풀 히어ㄹ.

5. **My blood type is O.**
   마이 블러드타입 이즈 오우.

6. **I have allergies.**
   아이 햅 앨러지즈.

7. **Do I need to stay in hospital?**
   두아이 니투 스테이 인 하스피럴?

▶ Emergency 급하

World + English + Trip

Have an exciting time on your trip!

03. 아픕니다! (약국)

1. 배가 아픕니다.

2. 감기에 걸렸습니다.

3. 피로회복제를 주세요.

4. 복용법이 어떻게 됩니까?

5. 설사를 합니다.

6. 아스피린 주세요.

7. 비상약 가지고 있으세요?

Have a nice trip!

03. 많이 아픕니다! (약국)
평소에 약을 복용하면 여분의 약품과 처방전(영문)을 지참하도록 합니다. 아울러 여행자라면 구급약품 세트 정도는 필수로 챙기는 쎈쓰!!!

emergency

1 I have a stomachache.
아이 해버 스토먹에익.

2 I've got a cold.
아이브 가러 코울드.

3 Please give me an energy booster.
플리즈 깁미 언 에너지 부스터.

4 How should I take this medicine?
하우 슈다이 테익 디스 메디슨?

5 I've got a diarrhea.
아이브 가러 다이어리어.

6 Please give me an aspirin.
플리즈 깁미 언 애스피린.

7 Do you have a first aid?
두유 해버 풔스트 애드?

▶ Emergency

World + English + Trip

Have an exciting time on your trip!

04. 잃어버렸습니다. (경찰서)

1. 지갑을 잃어버렸습니다.

2. 강도를 당했습니다.

3. 지하철에서 없어졌습니다.

4. 택시에 두고 내렸습니다.

5. 분실물센터는 어디입니까?

6. 분실증명서를 발급해 주세요.

7. 꼭 찾아주세요.

Have a nice trip!

04. 분실물 신고! (경찰서)
| 도난, 강도 등을 당하면 경찰서를 방문해 분실물 증명서·사고증명서(police's report)를 발급 받으십시오. 귀국 후 보험료 청구를 위해 꼭 필요합니다. |

1 I lost my wallet.
아이 로스트 마이 월릿.

2 I've been robbed.
아이빈 랍트.

3 I lost it on a subway.
아이 로스트 잇 오너 썹웨이.

4 I left it in a taxi.
아이 렙팃 이너 택시.

5 Where is a lost and found?
웨얼즈 어 로스트 앤 파운드?

6 Can I have a report of loss item?
캐나이 해버 리포텁 로스 아이템?

7 Please do your best to find it.
플리즈 두유어ㄹ 베스트 투 파인딧.

World + English + Trip

▶ Emergency 유급

Have an exciting time on your trip!

05. 재발급 해주세요!

1 항공권을 재발행 해주세요.

2 여행자수표 재발행 됩니까?

3 사고증명서를 주세요.

4 재발급에 무엇이 필요합니까?

5 언제 재발급 됩니까?

6 임시 신분증명서가 있나요?

7 한국대사관에 통화하고 싶습니다.

Have a nice trip!

05. 재발행 해주세요!

| 여권, 여행자수표, 신용카드, 고가품, 새로 산 제품의 분실, 도난 등에 대비 일련번호나 증명서사본, 영수증 등을 따로 정리 기재하여 보관하는 것이 좋습니다. |

emergency

1 Please reissue the flight ticket.
플리즈 리이슈 더 플라잇 티켓.

2 Can you reissue a traveler's check?
캔유 리이슈 어 트래블러스 첵?

3 Please give me a report.
플리즈 깁미 어 리포트.

4 What do I need for renewal?
왓 두아이 니 풔 리뉴얼?

5 When will you reissue this?
웬 윌유 리이슈 디스?

6 Do you have a temporary ID?
두유 해버 템포러리 아이디?

7 I'd like to talk to the Korean embassy.
아이드 라익투 톡투더 코리언 엠버씨.

▲ Emergency

World + English + Trip

Have an exciting time on your trip!

06. 도와주세요!

1. 길을 잃었습니다.

2. 이곳으로 연락을 해주십시오.

3. 저를 한국대사관으로 데려다 주세요.

4. 힐튼 호텔까지 데려다줄 수 있나요?

5. 이 집을 봐주세요.

6. 이 사람을 찾아주세요.

7. 저는 아무 관련 없습니다.

Have a nice trip!

06. 도움을 청합니다!
여행지의 안전정보를 항상 체크하십시오. 최대한 믿을 만한 사람에게 도움을 청하고, 위급한 상황을 대비해 한국대사관이나 한인회의 소재를 알아둡니다.

1 **I'm lost.**
아임 로스트.

2 **Can you call me at this number?**
캔유 콜미 엣 디스 넘버?

3 **Please take me to the Korean embassy.**
플리즈 테익미 투더 코리언 엠버씨.

4 **Could you take me to the Hilton hotel?**
쿠쥬 테익미 투더 힐튼 호텔?

5 **Can you watch this bag?**
캔유 와취 디스 백?

6 **Could you find this man?**
쿠쥬 파인 디스 맨?

7 **I'm not related to this.**
아임 낫 릴레이티드 투 디스.

▶ Emergency

World + English + Trip

Yes, you got it!

이런 단어면 상황 끝이야!

급할 때 이런 단어가 필요해요!

위험	danger 대인줘	화재	fire 파이어
구급차	ambulance 앰불런스	충돌	collision 컬리전
경찰	police 폴리스	신고	report 리포트
순찰차	police car 폴리스 카	신고서	report 리포트
경찰관	police officer 폴리스 어피서	유죄	guilty 길티
도둑	theft 씨프	무죄	innocent 이노선트
강도	rubber 러버	결백	innocent 이노선트
부상	injury 인쥬어리	밀수	smuggling 스머글링
사고	accident 액시던트	구속	arrest 어레스트
총상	gunshot 건샷		
납치	kidnap 키드냅		

분실, 도난 때 이런 단어가 필요해요!

World + English + Trip 0284

분실	lost / 로스트
도난	stolen / 스톨른
현금	cash / 캐쉬
지갑	wallet / 월릿
가방	bag / 백
수표	check / 첵
귀중품	valuables / 밸류어블즈
여권	passport / 패스포트
항공권	flight ticket / 플라잇 티켓
재발급	renewal / 리뉴얼
대사관	embassy / 엠버씨
영사관	consulate / 컨슐릿
유실물	lost item / 로스트 아이템
유실물센터	lost and found / 로스트 앤 파운드
분실증명서	report of loss item / 리포텁 로스 아이템

보험	insurance / 인슈어런스
준비서류	required document / 리콰이얼드 다큐먼트
확인서	confirmation / 컨퍼매이션
증명서	certificate / 써티피킷
인증서	certificate / 써티피킷

병원에선 이런 단어가 필요해요!

구급차	ambulance / 앰불런스
응급실	emergency room / 이머전시룸
의사	doctor / 닥터
환자	patient / 패이션트
부상자	injured person / 인주얼드 퍼슨

World + English + Trip

입원	hospitalized 하스피탈라이즈드		
수술	operation 어퍼레이션	**약국에선**	
치료	cure 큐어	약국	pharmacy 파마시
내과	physician 퓌지션	처방전	prescription 프리스크립션
외과	surgery 셔저리	진통제	pain killer 패인 킬러
치과	dental hospital 덴탈 하스피럴	해열제	refrigerant 리프리져런트
산부인과	ob-gyn 오비쥐인	감기	cold 코올드
정형외과	orthopedics 오소페딕스	두통	headache 헤드애익
혈압	blood pressure 블러드 프레셔	치통	toothache 투스애익
맥박	pulse 펄스	생리통	menstrual pains 맨스트럴 패인즈
체온	temperature 템퍼레쳐	폐렴	pneumonia 뉴머니아
심장	heart 하트	안약	eye drops 아이 드랍스
고혈압	high blood pressure 하이 블러드 프레셔	소화제	digestion 다이제스천
진단서	medical certificate 메디컬 써티피킷	멀미약	antiseasickness pill 안티씨씩니스 필
전염병	infectious disease 인펙셔스 디지즈	구토	throw up 스로우 업

설사	diarrhea 다이어리어
식중독	food poisoning 푸드 포이즈닝
염증	inflammation 인플래매이션
화상	burn 번
붕대	bandage 밴대쥐
반창고	band aid 밴데이드
연고	ointment 오인트먼트

Trip Dictionary
Yes, you got it!

World + English + Trip

| 오스트레일리아 |
Australia

천혜의 대자연과 문명이 만났다!

오스트레일리아 (호주)는 환상적인 대자연의 풍광과 세련된 유럽형 도시미가 멋들어지게 조화를 이루는 곳이다. 매력 만점의 호주를 찾아 가본다!

| 시드니 | Sydney

세계 3대 미항 중에 하나로 호주의 트레이드 마크가 된 도시이다. 호주 제1의 관광도시답게 볼거리가 풍부하다. 시드니는 중심 번화가인 '시티'를 중심으로 시티 북쪽, 시티 서쪽, 시티 동쪽으로 나누어 관광하면 좋다.

| 시드니 시티 |

센트럴 역에서 왕립식물원 까지의 현대식 고층빌딩이 모여 있는 지역을 말한다. 고급부띠크에서 백화점, 간이상점에 이르기까지 쇼핑가로도 손색이 없다.

Opera House in Circular Quay

뿐만 아니라 하이드 파크, 왕립식물원 등의 녹지도 많아 여유로운 관광이 가능하다. 가장 추천할 만한 곳으로는 퀸빅토리아 빌딩과 시드니타워가 있다. (시티 중심가의 한인 상점가도 돌아볼 것!)

| 시티 북쪽 |

그 유명한 시드니 오페라 하우스와 세계에서 두번째로 길다는 하버브릿지를 볼 수 있는 곳, 바로 서큘러 키가 있다. 이곳에 있는 왕립 식물원도 굉장한 볼거리를 제공한다. 서큘러 키에서는 맨리비치와 노스쇼어 지역과 달링하버, 본다이비치를 관광할 수 있는 수상버스도 탈 수 있다.
▶ 전철 Circular Quay 역에서 하차!

World + English + Trip

| 오스트레일리아 |
Australia

| 시티 서쪽 |

시티의 서쪽 달링하버 지역이다. 시드니 수족관, 해양 박물관, 하버사이드 쇼핑센터 등 볼거리가 가득 곳으로 특히 야경이 아름다워 저녁 때가 되면 주변의 식당가가 북적이는 곳이다. 다양한 먹거리와 함께 각국의 여행자들과 저녁시간을 보낼 수 있는 지역이다.

▶ 전철 Town Hall 역에서 하차! (Sydney Aquarium)

| 시티 동쪽 |

킹스크로스 지역으로 호주 최고의 환락가, 불야성 지대이다. 올빼미 족들에겐 필수 코스 아울러 밤을 즐기려는 인파를 위한 각종 숙박시설이 이곳에 밀집되어 있다. (중급호텔, 백패커 하우스, 호스텔 등)

▶ 전철 Kings Cross 역에서 하차!

Australia

| 멜번 | Melbourne

'제2의 런던'으로 초대합니다.
'제2의 런던', '정원의 도시' 등 다양한 별명만큼이나 볼거리가 많은 빅토리아 주의 주도 멜번. 잠시 만나 봅니다.

| 플린더스 스트리트 | Flinders St.

호주에서 가장 영국적인 분위기가 나는 곳으로 멜번의 **플린더스 스트리트**를 꼽는다. 플린더스 역을 중심으로 북쪽의 스왓스톤 워크 스트리트에는 세인트 폴 성당, 빅토리아 박물관 등이 있으며, 다음 블럭의 콜린스 스트리트는 명품브랜드 숍이 즐비한 고급 쇼핑가이다.
▶ 트램으로 Flinders St. 역에서 하차!

| 정원들의 향연 |

멜번은 '정원의 도시'라는 명성답게 **피츠로이 공원**, 야라 공원, 퀸빅토리아 공원 등 호주에서 최고로 손꼽히는 아름다운 정원들이 도심의 한복판에 자리잡고 있다. 이와 함께 멜번의 대표적 공원인 **왕립 식물원** 또한 빼놓을 수 없는 볼거리이다.
▶ 트램으로 랜스다운 스트리트나, 킬다 로드 21번 하차!

World + English + Trip

테마별로 정리했다! 여행자를 위한 단어사전

Yes, you got it!

①

개인정보	personal information 퍼스널 인포매이션	회사명	company 컴퍼니
이름	name 네임	주소	address 어드레스
성	last name 라스트 네임	연락처	contact number 컨택넘버
명	first name 휘ㄹ스트 네임	여권번호	passport number 패스포트 넘버
국적	nationality 내셔널러티	비자번호	visa number 비자 넘버
생년월일	birthdate 버스데이트	항공권번호	flight ticket number 홀라잇 티켓 넘버
직업	job 잡	항공편명	flight number 홀라잇 넘버

World + English + Trip

❷

직업	job 잡
학생	student 스튜던트
회사원	business man 비지니스맨
교사	teacher 티쳐
교수	professor 프로페서
공무원	civil servant 시빌 써번트
주부	house wife 하우스 와이프
의사	doctor 닥터
은행원	banker 뱅커
상업	business 비지니스
기술자	engineer 엔지니어
예술가	artist 아티스트
예능인	entertainer 엔터테이너

❸

남자	man 맨
여자	woman 우먼
아버지	farther 파더
어머니	mother 마더
부모	parent 패런트
딸	daughter 더우러
아들	son 선
소년	boy 보이
소녀	girl 걸
형	elder brother 엘더 브라더
언니	elder sister 엘더 시스터
형제	brother 브라더
자매	sister 시스터

World + English + Trip

Trip Dictionary

할아버지	grandfather 그랜파더	귀	ear 이어ㄹ
할머니	grandmother 그랜마더	목	neck 넥
친척	relative 레러티브	가슴	chest 체스트
친구	friend 프랜드	손	hand 핸드
		손가락	finger 휭거
		팔	arm 암
		발	foot 풋

④

신체	body 바디	발가락	toe 토우
머리	head 헤드	다리	leg 렉
허리	waist 웨이스트	무릎	knee 니이
몸통	torso 토르소	키	height 하잇
얼굴	face 훼이스	몸무게	weight 웨잇
눈	eye 아이	허리둘레	waist size 웨이스트 사이즈
코	nose 노우즈	가슴둘레	chest size 체스트 사이즈
입	mouth 마우스	신발사이즈	shoe size 슈 사이즈

❺

한국	Korea 코리아
한국어	Korean 코리언
일본	Japan 제팬
일본어	Japanese 제패니즈
중국	China 차이나
중국어	Chinese 차이니즈
미국	America 어메리카
영국	England 잉글랜드
영어	English 잉글리쉬
프랑스	France 프랭스
프랑스어	French 프랜취
독일	Germany 저머니
독일어	German 저먼
스페인	Spain 스페인
스페인어	Spanish 스페니쉬
이탈리아	Italy 이틀리
이탈리아어	Italian 이텔리언
러시아	Russia 러시아
러시아어	Russian 러시안

❻

아침	morning 모닝
점심	afternoon 앱터눈
저녁	evening 이브닝
오전	AM 에이엠
오후	PM 피엠

World + English + Trip

Trip Dictionary

오늘	today 투데이
내일	tomorrow 투모로우
모레	the day after tomorrow 더 데이 앱터 투모로우
어제	yesterday 예스터데이

❼

흰색	white 화잇
검정색	black 블랙
청색	blue 블루
적색	red 레드
녹색	green 그린
갈색	brown 브라운
황색	yellow 옐로우
분홍색	pink 핑크
자주색	purple 퍼플

❽

좋은	good 굿
나쁜	bad 배드
큰	big 빅
작은	small 스몰
많은	many 매니
적은	little 리틀
비싼	expensive 익스펜십
싼	cheap 췹
먼	far 파
가까운	near 니어
빠른	fast 패스트
느린	slow 슬로우
쉬운	easy 이지
어려운	difficult 디퓌컬

따뜻한	warm 웜	1	one 원
추운	cold 코올드	2	two 투
조용한	quiet 콰이엇	3	three 쓰리
시끄러운	noisy 노이지	4	four 풔
무거운	heavy 헤비	5	five 파이브
가벼운	light 라잇	6	six 씩스
튼튼한	strong 스트롱	7	seven 쎄븐
약한	weak 웍	8	eight 에잇
짧은	short 숏	9	nine 나인
긴	long 롱	10	ten 텐
새로운	new 뉴	11	eleven 일레븐
오래된	old 올드	12	twelve 트웰브

World + English + Trip

13	thirteen 써틴	60	sixty 씩스티
14	fourteen 폴틴	70	seventy 쎄븐티
15	fifteen 핍틴	80	eighty 에이리
16	sixteen 씩스틴	90	ninety 나인티
17	seventeen 쎄븐틴	100	hundred 헌드렛
18	eighteen 에잇틴	200	two hundred 투 헌드렛
19	nineteen 나인틴	300	three hundred 쓰리 헌드렛
20	twenty 투엔티	1,000	one thousand 원 싸우전
21	twenty-one 투엔티원	2,000	two thousand 투 싸우전
22	twenty-two 투엔티투	10,000	ten thousand 텐 싸우전
30	thirty 써리	20,000	twenty thousand 투엔티 싸우전
31	thirty-one 써리원	100,000	hundred thousand 헌드렛 싸우전
32	thirty-two 써리투	1,000,000	million 밀리언
40	forty 포리		
50	fifty 핍티		

기본표현의 제왕!
이 정도는 알아야 안되겠니?

사랑 받고 싶은 여행자라면 기본적으로 최소한의 현지어는 익히고 갑시다. '네, 아니오'도 안 된다면 글쎄요, 이건 아니라고 생각되는데... 그래서 준비했습니다. 기본 중에 기본, 가장 중요한 기본표현의 제왕들 되겠습니다.
자! 시작해 볼까요!

기본표현의 제왕, Best 10

안녕하세요?

Good morning. (아침)
굿 모닝.

Good afternoon. (점심)
굿 앱터눈.

Good evening. (저녁)
굿 이브닝.

World + English + Trip

It's your turn!
Enjoy your trip!
기본표현의 제왕, Best 10

또 만나요.
See you again.
씨유 어게인.

2

실례합니다.
Excuse me.
익스큐즈미.

3

감사합니다.
Thank you.
땡큐.

4

World + English + Trip 0300

천만에요.

You're welcome.
유어 웰컴.

5

0301

미안합니다.

I'm sorry.
아임 쏘리.

6

도와주세요.

Please help me.
플리즈 헬프미.

7

World + English +

Enjoy your trip!
기본표현의 제왕, Best 10

네. / 아니오.
Yes. / No.
예스. / 노우.

8

나는 홍길동입니다.
I'm Hong Gil-dong.
아임 홍길동.

9

나는 한국인입니다.
I'm a Korean.
아임 어 코리언.

10

여러분의 행복한 세상 나들이를 열심히 응원합니다.
멋진 여행 되십시오~! Have a nice trip!

World + English + Trip 0302

위풍당당 배짱있게 떠나자!
여행 영어

저자_ 플랜B

1판 1쇄 인쇄_ 2006. 5. 26.
1판 5쇄 발행_ 2008. 5. 11.

발행처_ 김영사
발행인_ 박은주

등록번호_ 제406-2003-036호
등록일자_ 1979. 5. 17.

경기도 파주시 교하읍 문발리 출판단지 515-1 우편번호 413-756
마케팅부 031)955-3100, 편집부 031)955-3250, 팩시밀리 031)955-3111

저작권자 ⓒ 2006 플랜B
이 책의 저작권은 저자에게 있습니다. 저자와 출판사의 허락 없이
내용의 일부를 인용하거나 발췌하는 것을 금합니다.

COPYRIGHT ⓒ 2006 by Plan B
All rights reserved including the rights of reproduction
in whole or in part in any form. Printed in KOREA.

값은 표지에 있습니다.
ISBN 978-89-349-2222-3 04740

독자의견 전화_ 031) 955-3104
홈페이지_ http://www.gimmyoung.com
이메일_ bestbook@gimmyoung.com

▷ **022** 공항에서 출국  airport departure

▷ **058** 공항에서 입국/귀국   airport arrival

▷ **084** 교통편으로 이동   transportation

▷ **124** 편안한 잠자리   hotel

▷ **154** 맛있는 식사   restaurant

▷ **182** 구경 다니기 sightseeing

▷ **208** 좋은 물건 사기  shopping

▷ **230** 재미있게 놀기  fun & leisure

▷ **248** 소식 전하기  telephone

▷ **266** 긴급! 구조요청 emergency

즐겨찾기
빨리찾기

Have an exciting time on your trip!